Schmitz-Moormann · Pierre Teilhard de Chardin

Theologische Profile

Karl Schmitz-Moormann

PIERRE TEILHARD DE CHARDIN

Evolution – die Schöpfung Gottes

Matthias-Grünewald-Verlag · Mainz

verlags gruppe engagement

Der Matthias-Grünewald-Verlag ist Mitglied der
Verlagsgruppe engagement

Die Deutsche Bibliothek – CIP-Einheitsaufnahme

Schmitz-Moormann, Karl:
Pierre Teilhard de Chardin : Evolution – die Schöpfung Gottes
Mainz : Matthias-Grünewald-Verl., 1996
(Theologische Profile)
ISBN 3-7867-1901-2

Umschlag: Thomas & Thomas Design, Heidesheim
Foto: KNA-Bild, Frankfurt a.M.
Satz: Studio für Fotosatz und DTP, Ingelheim
Druck und Bindung: Kösel, Kempten

ISBN 3-7867-1901-2

INHALT

VORWORT

Als der Matthias-Grünewald-Verlag mich aufforderte, eine knappe Darstellung des Theologen Pierre Teilhard de Chardin zu schreiben, habe ich gerne zugesagt, obwohl die gedankliche Fülle des Lebenswerkes Teilhards sich kaum auf wenigen Seiten zusammenfassen läßt. Vieles von dem, was er insbesondere in seinen Tagebüchern und in seinen mehr als siebentausend Briefen geschrieben hat, ist nur schwer zugänglich. Seit vielen Jahren hatten meine Frau und ich uns bemüht, mehr und mehr der Texte Teilhards in einem Archiv zusammenzutragen, so daß bei der Niederschrift dieses Buches auf eine sehr breite Grundlage zurückgegriffen werden konnte. Mehrere Reisen nach China haben den Zugang zu dort noch lagernden Texten eröffnet, nicht wenige Briefe sind lokalisiert, aber noch nicht zugänglich. Es genügt natürlich nicht, die Texte zu sammeln, es bedarf vielmehr der Aufarbeitung, um sie in eine lesbare Form zu bringen. Insbesondere die Tagebücher, die meine Frau in jahrelanger Arbeit vollständig transkribiert hat, soweit sie sich in Europa befinden, sind von großer theologischer Bedeutung. Daß sie mir für dieses Buch als Text-Basis zur Verfügung standen, hat meine Arbeit wesentlich erleichtert. Deshalb gilt ein ganz besonderer Dank meiner Frau. Daß diese Arbeit der Archivierung und der Weiterführung der Arbeit über Teilhard uns ermöglicht wurde, ist insbesondere dem unermüdlichen Bemühen des zu früh verstorbenen Walter Casper zu verdanken, der die Hellmut-Ley-Stiftung für unsere Arbeit zu interessieren und zu engagieren verstand. Ohne die von ihr erhaltene Unter- stützung wäre uns die Weiterführung unserer Arbeiten am Werk Teilhard de Chardins nicht möglich gewesen. Dafür möchte ich auch an dieser Stelle unseren Dank zum Ausdruck bringen.

Dem Center of Theological Inquiry in Princeton, insbesondere seinem Direktor Daniel Hardy, und dem Centre

Culturel „Les Fontaines“ in Chantilly ist zu danken für die Bereitstellung des geistigen Lebensraumes, ohne den keine Gedankenarbeit möglich ist.

Chantilly, den 23. Januar 1995
Karl Schmitz-Moormann

1. VORBEMERKUNG

Als Pierre Teilhard de Chardin 1955 am Ostertage in New York starb, war sein Name außerhalb der Welt der Geologen und Paläontologen nur einem nicht sehr großen Kreis von Freunden und Gegnern in seinem Orden, in der katholischen Kirche, in der Welt der Diplomaten und den Lesern seiner klandestin vervielfältigten theologischen Texte[1] bekannt. Der Orden hatte der Veröffentlichung dieser Texte Teilhards immer wieder sein Verbot entgegengestellt, so daß bei seinem Tode im wesentlichen nur sein umfangreiches naturwissenschaftliches Werk, wenn auch weit gestreut in Fachpublikationen, gedruckt vorlag.[2] Die Veröffentlichung seines Buches „Le Phénomène humain“[3], in dem er die Evolution als einen als Faktum auch von den Christen anzuerkennenden Prozeß darstellte, aus dem auch der Mensch hervorgegangen ist, löste eine weltweite Diskussion aus. Für viele Christen wirkten die Texte Teilhards befreiend, für andere wiederum war er ein Antichrist. Die Bücher[4], die in relativ rascher Folge erschienen, fanden reißenden Absatz.

1 Das Buch *Le Milieu Divin,* dessen Veröffentlichung 1932 von der Zensur des Ordens verhindert wurde, ist mehrfach vervielfältigt worden, mit und ohne Zustimmung des Autors. Nach 1946 hatten Studenten der Sorbonne eine relativ große Zahl auf den Markt gebracht, was den Oberen Teilhards veranlaßte, einzuschreiten und alle greifbaren Exemplare aufzukaufen.

2 Vgl. Pierre Teilhard de Chardin, L'Oeuvre Scientifique, textes réunis et édités par Nicole et Karl Schmitz-Moormann, 10 volumes plus un volume des cartes, Freiburg–Olten 1970.

3 Deutsch mit dem irreführenden Titel: „Der Mensch im Kosmos“ veröffentlicht, München 1959.

4 Insgesamt umfaßt das *Oeuvre* (Edition du Seuil, Paris 1955–1978) dreizehn Bände; Briefe und Tagebücher liegen bisher nur unvollständig vor. Die Publikation des *Oeuvre* entspricht nicht den Anforderungen an eine kritische Textausgabe.

Zwischen 1955 und 1970 war Teilhard ein Bestseller, der in alle Weltsprachen übersetzt wurde. Die Diskussion um Teilhard[5] ging über den Horizont normaler theologischer Auseinandersetzung hinaus, die Publikationen waren schon bald nicht mehr zu überschauen – eine Bibliographie des Jahres 1980 führt mehr als zehntausend Titel an, und sie ist unvollständig. Kirchliche Kreise, insbesondere in der römischen Kurie, versuchten Teilhards Einfluß zurückzudrängen, 1962 wurde ein Monitum erlassen, das vor der Lektüre Teilhards warnte, die Stätten theologischer Ausbildung wurden aufgefordert, die Bücher Teilhards aus den Bibliotheken zu entfernen. Gleichzeitig berichtete die Zeitung *Le Monde,* daß während des Zweiten Vatikanischen Konzils auf den Gängen der meistgenannte Name der Teilhards war. Joseph Ratzinger stellt in seinem Kommentar zu *Gaudium et spes* fest, daß die Pastoralkonstitution bis in den Wortgebrauch durch Teilhard beeinflußt worden ist. 1965 erkannte der neugewählte Jesuitengeneral Arrupe die Bedeutung Teilhards als theologischen Denkers an, der neue Perspektiven eröffnete. Im Zuge der Soziologisierung des Denkens in den 70er Jahren wandte sich das Interesse der öffentlichen Diskussion und der Theologie von Teilhard ab. Nachdem die soziologische Orientierung des Menschen faktisch gescheitert ist, wird in der letzten Dekade dieses Jahrtausends die Frage nach dem Ursprung des Universums und dem Ort des Menschen darin sowie der Beziehung beider zu Gott innerhalb und außerhalb der christlichen Theologie wieder vordringlich. Genau genommen stellen sich sogar eher die Naturwissenschaftler, insbesondere auch nichtchristliche Naturwissenschaftler, im Horizont der sich entwickelnden Kosmologien die Frage nach Gott.

Teilhard ist all diesen Überlegungen in vieler Hinsicht mehr als ein halbes Jahrhundert voraus, und er hat den

[5] Vgl. Teilhard in der Diskussion, hrsg. von Karl Schmitz-Moormann, Darmstadt 1987.

Vorteil, nicht nur Naturwissenschaftler, sondern auch ausgebildeter Theologe zu sein. Angesichts der neu aufbrechenden Diskussion um den Ort des Menschen im kosmologischen Prozeß und in der Natur können insbesondere die Christen und die Theologie auf die Vorleistungen Teilhards zurückgreifen.

2. TEILHARDS WERDEGANG

Pierre Teilhard de Chardin wurde 1881, ein Jahr bevor Charles Darwin starb, in Sarcenat bei Clermont Ferrand als viertes Kind unter elf Geschwistern geboren. Die Frömmigkeit seiner Mutter, einer Großnichte Voltaires, stand in einer gewissen Spannung zu der gelassenen Abgeklärtheit seines Vaters, der der Natur und der Geschichte größeres Interesse entgegenbrachte. Die Mutter eröffnete Pierre den Zugang zur Mystik der Verehrung des Herzens Jesu, die für ihn während seines ganzen Lebens bedeutsam blieb. Der Vater führte ihn, wohl eine angeborene Neigung Pierres verstärkend, zur genauen Beobachtung der Natur. Nach dem Besuch des Jesuitenkollegs Notre-Dame de Mongré studiert er auf Wunsch seines Vaters ein Jahr lang Mathematik[1], bevor er 1899 in den Jesuitenorden eintritt. Nach dem Jahr des Noviziats in Aix-en-Provence und einem Jahr des Juvenats in Laval verlegt der Orden, der in Frankreich verboten wird, die Ausbildung seines Nachwuchses der Lyoner Provinz nach Jersey und Hastings in England. Nach dem Philosophiestudium in Jersey geht Teilhard drei Jahre als Physik- und Chemielehrer an das Jesuitenkolleg in Kairo.[2] Auf Jersey ebenso wie während seines Aufenthaltes in Kairo und seines Studiums in Hastings nutzte Teilhard seine Freizeit, um Mineralien und

1 Ein Kursus, der den Zugang zu den Concours der Grandes Ecoles eröffnet.

2 Man hat gesagt, Teilhard sei mit den „harten" Naturwissenschaften nur wenig vertraut gewesen. Immerhin war sein Wissen ausreichend, daß er 1940 in China für eine Biologiestudentin, die für ihre Prüfung ausreichende Kenntnisse in der Physik nachweisen mußte, ein kurzes Lehrbuch der Physik handschriftlich verfaßte. Eine Notiz aus dem Tagebuch des Jahres 1922 läßt erkennen, daß er die wesentlichen Punkte der Relativitätstheorie begriffen hatte.

Fossilien zu suchen.[3] Das führte allerdings nicht zur Vernachlässigung seiner theologischen Studien: Während des Juvenats auf Jersey galt er in seinem Kursus als der philosophisch beste Student, dem man das Panegyrium des heiligen Thomas anvertraute, in Hastings übernahm er bei den *disputationes* am Ende eines Studienjahres die Rolle des Verteidigers der Thesen des Dogmatik-Professors – normalerweise eine Auszeichnung des *defensors.* Teilhard war auch durchaus nicht die einzige Leuchte in einem Umfeld von Mittelmäßigkeit: Zu dem Kreis seiner Kommilitonen gehörten der Begründer der *Sources chrétiennes* Fontenoy, Huby, der Begründer einer bedeutenden französischen Apologetik, Rouët, der Herausgeber des Enchiridion Patristicum. Rousselet, der im Ersten Weltkrieg gefallen ist, schrieb 1913 *Les yeux de la foi* – der Text wurde fünfzig Jahre später deutsch unter dem Titel *Die Augen des Glaubens* veröffentlicht – und war besonders eng mit Teilhard befreundet.

Man darf übrigens davon ausgehen, daß die in Hastings gelehrte Theologie in vielfacher Hinsicht der Schultheologie der Zeit voraus war. So durfte der Exeget des Alten Testaments, Albert Condamin, praktisch nichts veröffentlichen, seinen Jesaja-Kommentar mußte er vor der Auslieferung vom Druck zurückziehen, sein Pentateuch-Kommentar existiert nur als vervielfältigtes Vorlesungsmanuskript.[4] Natürlich heißt dies nicht, daß die in Ore bei Hastings von den Jesuiten gelehrte Theologie sich wesentlich von der katholi-

3 Während seiner Suche nach Fossilien in den Kreidefelsen bei Hastings begegnete Teilhard Dawson, der später Teilhard als glaubwürdigen Zeugen – ein junger Jesuit – mißbrauchte, um den Fund des Eoanthropus Dawsoni – eine Fälschung – wissenschaftlich durch den Fund des fehlenden Eckzahnes des Unterkiefers (der in Wirklichkeit von einem rezenten Orang-Utan stammte) abzusichern; vgl. meinen Aufsatz: The Piltdown Story retold (im Druck).

4 Vgl. Karl Schmitz-Moormann, Teilhard théologien, in: Études Teilhardiennes [Bruxelles] N° 3, 1970, 63–69.

schen neuscholastischen Theologie unterschied, wie sie von Rom mehr oder weniger verbindlich vorgeschrieben war. Und die Einengung des theologischen Denkspielraums in der Zeit, da man alle Geistlichen durch den Modernisteneid festzulegen versuchte, ist selbst beim heutigen Verhalten der Kurie, das als einengend erfahren wird, kaum wirklich mehr nachzuvollziehen. Praktisch erhielt Teilhard eine etwas über die gezogenen Grenzen hinausgehende gründliche theologische Ausbildung.

Bereits in seinem frühesten theologischen Text – den er 1911, also noch als Student, für das *Dictionnaire Apologétique* schrieb – über das Menschenbild, wie es sich vor dem Hintergrund modernen Wissens für den Theologen darstellt, dachte er vor, daß zumindest die Entwicklung des Leibes als aus der Evolution hervorgehend gedacht werden konnte, wenn auch einschränkend gesagt wird, daß die unmittelbare Erschaffung des Leibes besser mit der theologischen Lehre von der unmittelbaren Erschaffung der Seele einhergeht. Wie bekannt, wurde dieser Gedanke erst mit der Enzyklika *Humani generis* (1950) von Rom freigegeben. Noch Ende der vierziger Jahre wurde in den theologischen Fakultäten durchweg die unmittelbare Erschaffung des ersten Menschen aus dem Lehm der Erde gelehrt, allen Evolutionstheorien zum Trotz. Im protestantischen Fundamentalismus wird heute noch diese sich auf den buchstäblich verstandenen Genesisbericht stützende Lehre vertreten.[5]

Entscheidend für das Wagnis eines theologischen Neubeginns wurde für Teilhard die Erfahrung des Ersten Weltkrieges. Im Umgang mit den Menschen im Schützengraben wurde ihm die Unzulänglichkeit der Theologie bewußt, die er in seinem Studium erlernt hatte. Wir wissen nicht genau, wie sich dieser Umbruch konkret vollzogen hat. Auch seine Tagebücher geben hierauf keine eindeutigen Hinweise. Doch

[5] Vgl. Henry M. Morris, Scientific Creationism, California 1974 [12]1985.

ist deutlich erkennbar, daß die Weltferne der neuscholastischen Theologie, die Lehre der Katechismen, in der die Schöpfung nur noch als hohle Lehrformel, aber nicht mehr als konkrete Wirklichkeit vorkommt, ihn dahin drängte, die Welt, wie er sie erfuhr und erkannte, neu als Schöpfung zu denken. Hinzu kommt eine mystische Erfahrung, die eher zu ahnen als genau zu belegen ist, wenn wir auch die drei *Geschichten nach Benson* lesen können. Soweit das der subjektiven Sicht eines Lesers in Kenntnis der anderen Texte Teilhards – einschließlich seiner Tagebücher und seiner Briefe – zu beurteilen möglich ist, handelt es sich bei diesen Geschichten um den Bericht über mystische Erfahrungen, die Christus als das lebendige Zentrum und Ziel der Schöpfung erlebten. Teilhard schrieb diese Geschichten angesichts des sehr möglichen nahen Todes, kurz bevor seine Einheit zu einem Angriff auf eine hart umkämpfte Höhe vor Verdun zum Einsatz kam.

Wenn es richtig ist, daß nur ein Mystiker ein kreativer Theologe sein kann, dann waren diese mystischen Erfahrungen der Urgrund, aus dem die Theologie Teilhards erwuchs, und man darf vielleicht mit Recht sagen, daß er sein ganzes Leben lang darum gerungen hat, diese mystische Erfahrung, in der Christus als das Herz der werdenden Welt aufleuchtete, als das Zentrum, zu dem alles werthafte Sein hinstrebt, als der mystische Leib, in dem alles seinen Weg zu Gott findet, in einer christozentrischen Theologie zur Aussage zu bringen.

Dabei ging es Teilhard von Anfang an darum, die Welt, wie sie uns heute sichtbar wird, als die Schöpfung zu begreifen, um derentwillen Christus in die Welt gekommen ist. Die moderne Welt wird heute und wurde von Teilhard als eine evolutive Welt erfahren. Vergessen wir nicht: Während seiner Studienjahre in der Ausbildung im Jesuitenorden hatte er schon ein großes Interesse für die Geologie und die Paläontologie gezeigt, und seit 1912 studierte er unter Marcellin Boule in Paris am Musée d'Histoire Naturelle. Hatte er 1912 noch gezögert, von der Evolution des Menschen ohne Vorbehalte zu sprechen, so hatte er, als er 1915 als Sanitäter an die Front ging, sich inzwischen die Welt als evolutive Struktur zu eigen gemacht.

Ein Blick in den römischen Katechismus[6] zeigt, daß die Theologie, wie sie von der römischen Kurie verkündigt wird, noch längst nicht begriffen hat, was die Evolution als Wirklichkeit für den Menschen und für den Glauben des Menschen an den Schöpfer zu bedeuten hat. Zwar konnte man gelegentlich hören, Teilhard habe gezeigt, daß die Evolution und der christliche Glaube einander nicht widersprechen. Doch zeigt das Kapitel über die Erbsünde im neuen Katechismus, daß man offensichtlich immer noch an Vorstellungen festhält, die mit der konkreten Schöpfung, die uns als Evolution erfahrbar wird, nicht vereinbar sind. So nimmt es nicht wunder, wenn Teilhard, als er versuchte, erste Entwürfe eines theologischen Neubeginns im evolutiven Horizont zu entwickeln, auf erhebliche Schwierigkeiten stieß. Es ist bekannt, daß keiner seiner frühen theologischen Texte die Barriere der Zensoren zu überwinden vermochte. Mehr noch, als er 1922 auf die Bitte eines seiner Mitbrüder hin seine Vorstellungen über ein Neudenken der Erbsündelehre zu Papier brachte[7], fand dieser Text während Teilhards Abwesenheit von Paris auf ungeklärte Weise seinen Weg nach Rom, wo er offensichtlich auf Mißfallen stieß. Da sich der heutige Katechismus immer noch kaum mit dem Text Teilhards vereinbaren läßt, nimmt es kaum wunder, daß im ersten Viertel dieses Jahrhunderts, wenige Jahre nach der Einführung des Modernisteneids, Teilhards erster wichtiger Text über die Erbsünde, wenn er auch nur als Entwurf vorlag, römische Sanktionen auslöste. 1923 hatte Teilhard in

6 Siehe: Katechismus der Katholischen Kirche, München–Wien–Leipzig–Freiburg–Linz 1993.

7 Vgl. Notes sur quelques Représentations historiques possibles du Péché originel, in: Oeuvre de Teilhard de Chardin, Paris 1955–1976, T. 10, 59–70; vgl. Karl Schmitz-Moormann, Die Erbsünde – Überholte Vorstellung – Bleibender Glaube, Olten–Freiburg 1969.

China zusammen mit seinem Konfrater Licent, der in Tientsin (Tianjin) das Hoang-Ho Paiho Museum der Paläontologie begründet hatte, eine Expedition in die Mongolei durchgeführt – auf der er erste Spuren früher Menschen in diesem Lande fand. Nach seiner Rückkehr nach Paris mußte er sich einer ordensinternen inquisitorischen Prüfung unterziehen, an deren Ende er auf Drängen des Ordensgenerals seinen Lehrstuhl der Geologie am Institut Catholique in Paris aufgeben und nach China ins „Exil" gehen mußte. Von 1925 bis 1946 lebte und arbeitete Teilhard in China, gewann Ansehen unter den Wissenschaftlern und war in der wichtigen Aufgabenstellung der Stratigraphie entscheidend an der Ausgrabung des *Homo Pekinensis* beteiligt. Seine wissenschaftlichen Arbeiten haben grundlegend dazu beigetragen, daß es heute eine Geologie Chinas gibt. Seine Abhandlungen gehören immer noch zu der Grundlage, auf der die heutigen Geologen und Paläontologen Chinas weiterarbeiten. Die über zweihundert naturwissenschaftlichen Veröffentlichungen Teilhards[8] sind für sich genommen ein großes wissenschaftliches Lebenswerk, das von der Académie Française durch die Aufnahme Teilhards in ihre Reihen die höchste Anerkennung fand, die in Frankreich einem Wissenschaftler widerfahren kann.

Diese lebenslange intensive wissenschaftliche Arbeit ist aber nur die eine Seite seiner Lebensleistung. Für die große Mehrheit der Menschen, denen sein Name vertraut ist, ist die theologisch-philosophische Gedankenleistung Teilhards der eigentlich wichtige Aspekt seines Lebenswerkes. Allerdings war Teilhard Zeit seines Lebens gezwungen, gewissermaßen im theologischen Untergrund zu arbeiten. Seine theologisch-philosophischen Texte sind, von ganz wenigen Ausnahmen nicht besonders wichtiger Texte abgesehen, zu seinen

8 Vgl. Pierre Teilhard de Chardin, L'Oeuvre Scientifique, vol. 1–10, plus 1 volume des cartes, hrsg. v. Karl und Nicole Schmitz-Moormann, Olten–Freiburg 1970 (im folgenden zitiert als OS).

Lebzeiten nie veröffentlicht worden. Nur einem kleinen Freundeskreis und für kurze Zeit nach dem Zweiten Weltkrieg in studentischen Kreisen in Paris war der Text etwa des „Milieu Divin“ bekannt. Das heute in dreizehn Bänden vorliegende Werk Teilhards[9] zeigt alle die Stärken und Schwächen, die ein solches weitgehend von der öffentlichen Diskussion ferngehaltenes Werk aufweist. Einerseits geht es wenig auf die aktuellen Fragen der theologischen Diskussion seiner Zeit ein. Das ist ein Nachteil und ein Vorteil. Nachteilig ist, daß die Kommunikationsmöglichkeit mit der vorherrschenden Theologie gering ist. In vielfacher Hinsicht entwickelt Teilhard seine Gedanken vorbei an den Tagesfragen der theologischen Diskussion. Auf der anderen Seite denkt er selbständig in großer Unabhängigkeit seinen christlichen Glauben neu im Horizont der konkreten Welt der Gegenwart, wie sie durch die Wissenschaft sichtbar gemacht wird. Angesichts der konkreten Unfähigkeit der Theologie seiner (und weithin auch noch unserer) Zeit, sich der Wirklichkeit der Welt in ihrer Bedeutung für die Theologie zu stellen, wuchs mit der Zeit der geistige Abstand zur vorherrschenden Theologie weiter. Diese Weltferne theologischen Sprechens, die sich im neuen Katechismus erneut aktuell darstellt, führte Teilhard in die Einsamkeit des Sehers, der den Weg erkannt hat, auf den aber niemand hören will. Zumindest die offizielle Kirche, die kirchliche Obrigkeit, hat nie auf ihn hören wollen. Noch 1950 wurde die Enzyklika *Humani generis,* wenn man zeitgenössischen Äußerungen dazu glauben darf, ganz deutlich in Richtung der Abwehr gegen einen wachsenden Einfluß Teilhards in der Pariser Welt geschrieben. Bekanntlich mußte Teilhard kurz darauf, als Siebzigjähriger, noch einmal aus seiner Heimat verschwinden und diesmal – da China nicht mehr

9 Oeuvres de Pierre Teilhard de Chardin, vol 1–13, Paris 1955–1976 (im folgenden nur mit der römischen Ziffer für den entsprechenden Band zitiert).

offen war – in ein amerikanisches Exil nach New York gehen. Hier starb er am Ostertag 1955.

3. VORAUSSETZUNGEN DES THEOLOGISCHEN ANSATZES TEILHARD DE CHARDINS

Als Teilhard begann, sich aus den zu geistigen Fesseln gewordenen Verankerungen der traditionellen Theologie neuscholastischer Prägung zu lösen, hatte sich die Welt der Menschen erheblich gegenüber der Welt der Antike und der Scholastik verändert. Zumindest für den gebildeten Menschen zu Anfang dieses Jahrunderts galt, daß die Erde nicht mehr im Mittelpunkt des Universums stand. Wir haben heute zwar weitgehend vergessen, daß man im ersten Viertel dieses Jahrhunderts kaum mehr kannte als die Existenz unserer Milchstraße. Ferne Milchstraßen wurden als Sternennebel gedeutet, die tatsächliche unermeßliche Weite des Universums mit seiner für menschliche Maßstäbe schier endlosen Vergangenheit war unvorstellbar angesichts der Unmöglichkeit, eine andere als die in chemischen Prozessen freigesetzte Energie für das Leuchten der Sterne und unserer Sonne verantwortlich zu machen. Doch hatte man seit Newton mehr und mehr begriffen, daß die Erde nicht der Mittelpunkt der Welt ist und eine geozentrische Kosmosvorstellung nicht mehr der Wirklichkeit entsprach. In der Theologie wirkte sich diese Veränderung in der Weltvorstellung immer stärker dahingehend aus, daß man die konkrete Welt immer weniger in die theologischen Überlegungen einbezog. Historische Ereignisse, die mit der wissenschaftlich erkannten Welt nicht mehr vereinbar waren, wie etwa die Sintflut, traten einen deutlichen Rückzug aus den theologischen Lehrbüchern an, nachdem man lange versucht hatte, ihre Realität als wissenschaftlich möglich nachzuweisen. Teilhard war sich dieses Rückzugs bewußt. In seinen Tagebüchern verweist er auf die Versuche im Dictionnaire Apologètique von 1863, die Möglichkeit der Sintflut mit dem Hinweis auf einen Platzregen in Genf zu beweisen: Wenn es sechzig Tage und Nächte so weiter geregnet hätte, dann wäre das Wasser höher gestiegen als die höchsten Bergspitzen der Alpen. In den theologischen Handbüchern der Dogmatik aus der ersten Hälfte dieses Jahrhunderts finden sich solche eher lächerlichen Beweisführungen nicht mehr, doch ist damit gleichzeitig der Bezug zur konkret erfahrenen Welt insgesamt verlorengegangen. Die Aussagen, die wir über die Schöpfung finden, sind rein formeller Art. Weder kommt das Sonnensystem noch das Weltall als zu bedenkendes Theologumenon noch vor. Dies begegnet uns selbst heute kaum noch anders in theologischen Lehrbüchern. Wer den neuen Katechismus daraufhin durchsieht, findet sich in einer theologisch behaupteten Welt von Harmonie und Ordnung wieder, die der erfahrenen Wirklichkeit der Menschen fremd ist. Die konkrete Wirklichkeit der erfahrenen Welt, die in der Scholastik eines Thomas von Aquin oder eines Bonaventura durchaus präsent ist, kommt als die erfahrene Welt unserer Tage in der römischen Neuscholastik nicht vor. Sie wird damit unglaubwürdig.

Teilhard ist sich dieser Unglaubwürdigkeit sehr früh bewußt geworden. Sein Bemühen ging immer dahin, diese konkret erfahrene Welt in ihrem Bezug zu Gott zu begreifen und zu verkünden, letzten Endes getragen von seinem mystischen Grunderlebnis, in dem er Christus als das lebendige Zentrum und Ziel der werdenden Welt erfuhr.

Es bedarf wohl keiner ausführlichen Hinweise mehr darauf, daß wir heute in einer Welt leben, die wir als evolutiv gewordene Wirklichkeit durch die Wissenschaft vorgestellt bekommen. Diese unsere heutige Selbstverständlichkeit, zumindest im profanen Raum der gebildeten Welt[1], war in der

[1] Dieser Terminus ist vielleicht nicht der glücklichste, weil wissenschaftliches Wissen und Bildung nicht immer eine Einheit bilden. Gemeint ist hier die große Menge derer, die auf die von der Wissenschaft kommenden Informationen vertrauen und sich existentiell auf sie verlassen, wenn sie z.B. in ein Flugzeug steigen oder zum Arzt (oder zum Psychologen und nicht zum Seelsorger) gehen. Typischerweise bezweifelt kaum jemand die

ersten Hälfte dieses Jahrunderts noch nicht gegeben. Naiver Glaube an ein dem Bericht der Genesis entsprechendes Schöpfungswerk war zumindest in der christlichen Welt noch weit verbreitet. Wer aber mit der Welt des Unglaubens in engen Kontakt kam und die Überzeugungskraft wissenschaftlichen Erkennens unmittelbar erfuhr, konnte sich nur für eine von zwei Möglichkeiten entscheiden. Entweder lebte man in zwei Welten: der Welt des Glaubens und der wirklichen Welt der wissenschaftlichen Erfahrung, oder aber man mußte versuchen, die erfahrene Welt als die Schöpfung zu begreifen, die wir im Glauben bekennen. Teilhard ist rückhaltlos diesen zweiten Weg gegangen, er hat die Welt ernst genommen als die Wirklichkeit, die uns aufgegeben ist und in der die Menschen ihren Weg zu Gott als dem Schöpfer dieser Welt finden müssen.

Häufig wird die Evolution als Beschreibung der Welt als Neo-Darwinismus mißverstanden, als wäre die Evolution notwendig ein nach dem alleinigen Erklärungsmuster von Zufall und Auslese zu begreifender Prozeß. Dieses Modell ist nach Teilhards Meinung eine materialistische Verkürzung der Wirklichkeit und vermag die Evolution in ihrer umfassenden Gesamtheit nicht vollständig zu erklären. Bereits 1921 bezog Teilhard deutlich Stellung gegenüber den simplistischen Modellen der Evolution, die im Horizont der Biologie entworfen wurden. „Wie jede wissenschaftliche Theorie bei ihrem Entstehen war der biologische Evolutionismus anfänglich in seinen Erklärungen extrem simplistisch. Er erlebte sein goldenes Zeitalter, in dem man zur Interpretation der lebenden Formen glaubte, sich mit linearen, relativ wenigen zoologischen Reihen bei vollständiger, kontinuierlicher und rascher Veränderung zufriedengeben zu können."[2] Die

häufig recht einseitigen Darstellungen in Fernsehsendungen über Natur und Wissenschaft. Die Glaubwürdigkeit des Wortes zum Sonntag kann sich mit der Glaubwürdigkeit solcher Sendungen kaum messen.

2 III,19.

Unzulänglichkeit der Erklärungsmodelle stellt aber nicht die Tatsächlichkeit der Evolution in Frage. „Es ist unmöglich, wenn man auch nur etwas zu sehen gelernt hat, die Gesamtheit der zoologischen Formen, wie sie von der Paläontologie entdeckt werden, in den Blick zu nehmen, ohne gezwungen zu sein anzuerkennen, daß dieses riesige Gebilde kein Mosaik von *künstlich* gruppierten Elementen, sondern die Aufgliederung seiner Teile die Wirkung eines *natürlichen* Prozesses ist."[3] Dies gilt auch heute noch. Die Tatsächlichkeit des Prozesses des Werdens ist nicht in Frage zu stellen, sofern man nicht den Boden der Gesprächsfähigkeit verlassen will: Der fossile Befund trägt ihn; und dies gilt zum Ende dieses Jahrhunderts noch mehr als zu seinem Anfang: Verbesserte geologische Messungen, genauere Zeitbestimmungen durch Isotopenmessungen, genetische Analysen etc. haben die Sicherheit der Grundaussage der Evolutionsthese gefestigt, daß nämlich alles, was in das Blickfeld der Menschen tritt, aus einem Prozeß des Werdens hervorgegangen ist, also in einem nicht wiederholbaren geschichtlichen Prozeß eingewurzelt ist.[4]

Da es sich um einen historischen Prozeß handelt, der im besten Falle im Computer simulierbar, aber nicht wiederholbar ist, wird der These der Evolution immer die experimentelle Beweisbarkeit fehlen. Wenn es richtig ist, daß die Voraussetzung für die Evolution die Existenz des Universums in seiner räumlichen und zeitlichen Dimension ist, dann kann es kein Laboratorium geben, in dem die Evolution als wiederholbares Experiment nachgewiesen würde.[5] Letzten

3 III,33.

4 Vgl. Ernan McMullin, Evolution and Special Creation, in: ZYGON 28/3,1993, 299–335.

5 Man wird vielleicht eines Tages Leben auf anderen Planeten finden, vielleicht sogar auf einer höheren Entwicklungsstufe als bei uns auf der Erde. Doch würde auch damit keine experimentelle Beweisbarkeit für die Evolution, wohl aber eine größere Wahrscheinlichkeit der Grundhypothese der Evolution erreicht.

Endes erweist sich die Evolution als wirklich nicht durch experimentellen Beweis, sondern durch die größere Kohärenz, die sie in unser Verstehen der Daten aus allen Bereichen des Wissens, von der Physik bis hin zur Anthropologie, zu bringen vermag. Damit ist die Evolution als Faktum nicht streng beweisbar, sondern nur aufweisbar. Man kann sich von der Wirklichkeit der Evolution überzeugen, aber letzten Endes bleibt, wie bei jeder Überzeugung, ein Rest des Nichtwissens, der Unbeweisbarkeit. Die Evolution ist die rational am ehesten nachvollziehbare Beschreibung der Geschichte des Universums. In diesem Sinne ist sie für die Wissenschaft ein Faktum.

4. DER METAPHYSISCHE NEUANSATZ TEILHARDS

Wer den theologischen Neuansatz Teilhards ernsthaft nachvollziehen will, muß dieses Faktum der Evolution als eine das ganze Universum umfassende Kennzeichnung sich zu eigen machen, d.h. man muß sich in dem Horizont bewegen, in dem sich heute alle Wissenschaft, d.h. das gegenwärtige Selbstverständnis der Menschen bewegt. In einer Kurzfassung seiner Grundüberzeugungen hat Teilhard dies so ausgesprochen: „Ich glaube, daß das Universum eine Evolution ist.“ [1]

Es ist noch wenig verstanden worden, was dieser Schritt aus der statischen Welt der Schöpfung der Genesis in die Werdewelt der Evolution philosophisch und theologisch bedeutet. Die Auseinandersetzungen Teilhards mit seinem Orden und der römischen Kurie beruhen weitgehend auf diesem Unvermögen, sich aus der Welt der überlieferten Philosophie zu lösen, in der die überlieferte Theologie zur Aussage gebracht wurde.

Teilhard war sich dieser Diskrepanz bewußt. In seiner Schrift *Das Kosmische Leben* [2] hatte er, ohne sich auf eine metaphysische Spekulation einzulassen, sein Bekenntnis zu dieser Welt als einen Prozeß des Werdens in fast überschwenglicher Weise ausgesagt. „Ich schreibe diese Zeilen aus dem Überschwang des Lebens und aus dem Bedürfnis zu leben; – um eine leidenschaftliche Sicht der Erde auszusagen, und um eine Lösung zu den Zweifeln meines Tuns zu finden – weil ich das Universum, seine Energien, seine Geheimnisse, seine Hoffnungen liebe und weil ich gleichzeitig mich Gott, dem einzigen Ursprung, dem einzigen Ziel, dem einzigen Endpunkt geweiht habe.“ [3]

1 X,117.

2 La Vie Cosmique, in: Écrits du temps de la guerre (1916–1919), (im folgenden zitiert als ETG), Paris 1965, 5–61.

3 l.c. 5.

Teilhard war sich durchaus dessen bewußt, daß er bereits mit dieser ersten größeren Schrift den Boden der klassischen theologischen Überzeugungen wenn nicht verlassen, so doch wesentlich gesprengt hatte. „Wenn man versucht, die Voraussetzungen und die Prinzipen des *Kosmischen Lebens* herauszustellen, stellt man fest, daß es nichts weniger als eine gewisse Neuorientierung der christlichen Askese einführt."[4] An die Stelle der klassischen Interpretation des Leidens als Strafe und Sühne, die sich im Bezug zur Sünde versteht, begreift Teilhard im *Kosmischen Leben* das Leiden als „die Konsequenz und den Preis einer *Arbeit der Entwicklung* ... Physisches Übel und moralisches Übel *entstehen aus dem Werden.*" Damit wird „das Kreuz zum Symbol des *heißen Bemühens der Evolution* – weit mehr als das der Sühne."[5]

So verwundert es nicht, daß Teilhard der Vorwurf eines gewissen Abweichens vom Glauben, konkretisiert im Vorwurf des Pantheismus, nicht erspart blieb. Er war so sehr bald gezwungen, sich über die hinter seiner Sicht der evolutiven Welt als des Prozesses der heilsgeschichtlichen Schöpfung sich abzeichnenden Grundstrukturen des werdenden Seins klarer zu werden. Die überkommene Begrifflichkeit der statischen Weltvorstellung, die sich in der scholastischen Ontologie kristallisiert hatte, war nicht in der Lage, den Werdeprozeß, wie er sich in der evolutiven Bewegung abzeichnete, zulänglich auszudrücken. Werden wurde in der aristotelisch-scholastischen Ontologie immer begriffen als das erneute Werden eines bereits vorgegebenen Wesens. Grundlegend Neues kann nicht werden, alles setzt für sein Werden die Vorgegebenheit eines bereits gleichen oder höheren Seins voraus. Wie Aristoteles sagt, von einem Pferd kommt ein Pferd, es sei denn etwas wider die Natur.

Diese statische Sicht des Universums hat die Grundvoraussetzung, daß die Schöpfung am Anfang vollkommen aus der

[4] ETG 60.

[5] ETG 60–61.

Schöpferhand Gottes hervorgegangen ist. Etwas wesentlich Neues kann es in dieser Sicht nicht geben. Die Wirklichkeit des Universums hat für den ontologisch ausgerichteten Philosophen und Theologen ihre Fülle am Anfang, die Geschichte der Welt stellt sich als ein Niedergang dar, auf den eine Restauration folgt.[6] Allerdings wußte schon Augustinus, daß die Schöpfung am Anfang noch nicht voll entwickelt war, und mit Hilfe samenhafter Anlagen, die erst mit der Zeit zur Vollendung kommen, versuchte er die Vollkommenheit der Schöpfung in ihren Anfängen zu wahren. In dieser Sicht ist die Welt vollkommen von Anfang her determiniert in ihrer Entfaltung und birgt in sich keinerlei Überraschungen für denjenigen, der die Anfänge kennt. Diese Welt der vollkommenen Anfänge ist in sich vollständig ableitbar. Diese Vorstellung findet sich nicht nur bei Theologen, sondern ebenso bei Naturwissenschaftlern, insbesondere bei Physikern, die auf der Suche nach der *Theory of Everything* sind, aus der sich die gesamte Geschichte der Welt herleiten können lassen soll. Dieser Traum von einer in ihren Anfängen vollständig begreifbaren Welt ist angesichts der evolutiven Grundstruktur zu Ende gegangen. Teilhard hat dies sehr genau begriffen und eine Metaphysik begründet, die die Wirklichkeit der werdenden Welt als das Grundphänomen zu erfassen versucht.

Kurze Zeit nach der Niederschrift des *Kosmischen Lebens,* in dem Teilhard versuchte zu zeigen, „daß eine gesunde Versöhnung zwischen Christentum und Welt auf dem Boden des loyalen und überzeugten Strebens nach Fortschritt in der

[6] Daß Teilhard sich von dieser Grundposition scholastischer Philosophie löste, hat ihn den nicht gerade zurückhaltenden Angriffen eines Réginald Garrigou- Lagrange und eines Jacques Maritain und in ihrem Gefolge anderer Thomisten ausgesetzt. Die Angriffe dieser Art sind ausführlich genug beschrieben bei Matthias Trennert-Hellwig, Die Urkraft des Kosmos, Freiburg 1993, 193–208.

ehrlichen Gemeinschaft eines gewissen Glaubens an das Leben und den Wert der Evolution möglich ist"[7], beginnen die Versuche Teilhards, den Prozeß des Werdens auf allgemeine Prinzipien zurückzuführen. Vorausgegangen waren die mystischen Erlebnisse, die er in den kurzen Erzählungen „nach Benson" *Das Bild, Die Monstranz* und *Die Custode*[8] beschrieben hat und in denen er Christus als das Zentrum des Universums erfuhr, in dem alles zur Vollendung und Einheit kommt. Nicht das eine Sein, von dem alles andere als das teilhabende Sein abhängt, wie es die klassische Ontologie zu begreifen sucht, sondern das Zentrum, in dem die Vielheit zur Einheit und Vollendung gelangt.

Die Geschichte des Universums wird so in einem ersten Entwurf von Teilhard als *Der Kampf gegen die Vielheit*[9] begriffen. „Das wahre Wachsen vollzieht sich in Richtung der Einheit, die Seinsminderung wird mit der Zersplitterung größer."[10] Die Überwindung der Vielheit wird hier noch ganz im Lichte der mystischen Erfahrung gesehen, in der das Universum seine Einheit in Christus findet. „Das Prinzip der Einheit, die die schuldige, sich auf dem Wege des Rückfalls in den Staub befindende Schöpfung rettet, ist Christus.[...] keine Idee bringt für unseren Geist besser *die Erlösungs-*

[7] ETG 67.

[8] Le Christ dans la Matière. Trois histoires comme Benson, in: ETG 85–107 (deutsch in: Lobgesang des Alls, Olten–Freiburg 1964, 43–69).

[9] ETG 109–132.

[10] ETG 113. Wenn die Herausgeber hier (Anm. 3) darauf hinweisen, daß diese These von Thomas von Aquin hätte übernommen werden können, da *Unum et ens convertuntur,* so übersehen sie, daß Thomas einen solchen Begriff des Werdens nichts kannte. Sein ist immer eines für Thomas, das Werden einer Einheit ist im Horizont der scholastischen Systematik aus dem Prozeß des Werdens aus einem Weniger an Sein und einem Weniger an Einheit nicht denkbar. Aus einem Weniger kann kein Mehr werden.

funktion des Wortes zum Ausdruck als die der Vereinigung allen Fleisches in ein und demselben Geist."[11]

Bestand der erste Versuch insbesondere in dem Bemühen, die Überwindung der Vielheit als den allgemeinen umfassenden Prozeß zu begreifen, aus dem die Schöpfung zur Einheit findet, so geht der zweite Versuch Teilhards dahin, den Prozeß der Einswerdung selbst zu erfassen und so *„einen Standpunkt zu gewinnen, unter dem alle Dinge in den Blick kommen"*[12]. Die Gültigkeit dieses Standpunktes wird von Teilhard in seiner Fruchtbarkeit aufgewiesen, sie ist so wenig wie die Evolution selbst stringent beweisbar. Teilhard macht sich hier die Grundhaltung moderner Wissenschaftlichkeit zu eigen: „Die Beweiskraft eines Systems beruht, wie jederman weiß, weit mehr auf seiner Fähigkeit, das erkennbare Wirkliche zu erklären (das heißt, zur Einheit zu bringen) als in den Beweisen, die man für die Einzelheiten und insbesondere für seine Grundlage (die ein Postulat ist) zu erbringen vermag. Einen ‚Standpunkt' macht man sich zu eigen und verifiziert man; er wird nicht bewiesen."[13]

Dabei geht Teilhard ganz bewußt das Risiko ein, aus dem Rahmen der überlieferten Theologie mit ihren klaren Aussagen herauszutreten und sich auf gewisse paradoxale Aussagen über die Natur des Geistes, des Nichts, der Zukunft etc. einzulassen. Doch hält er diese Paradoxien nicht für ein Kennzeichen des Irrtums seiner Theorie. Vielmehr ist er sich darüber im Klaren, daß „die ganz klaren und ‚orthodoxen' Synthesen notwendig steril und *durch Auslassung* falsch sind"[14]. In den Augen Teilhards ist es „unendlich viel besser,

[11] ETG 124.
[12] ETG 175.
[13] ETG 175.
[14] ETG 175. – Es ist eine der Schwächen der modernen Philosophie, daß sie sich in erster Linie als Wissenschaftstheorie auffaßt, die sich um die Objektivierung der letzten Endes immer subjektiven Wissensgewißheit bemüht. Seit Descartes die Gewißheit, aufgefaßt als Klarheit, zum Kriterium der Wahrheit

in *aller Vorläufigkeit* eine Mischung von Wahrheit und Irrtum zu liefern, als die Wirklichkeit zu verstümmeln, da man vorzeitig versucht, den Weizen vom Unkraut zu trennen"[15].

Die Voraussetzung, die Teilhard 1917 macht, daß nämlich „die universelle Evolution *eine absolute Richtung* hat, nämlich *die Richtung des Geistes*"[16], wird sicherlich auch heute noch nicht von der Mehrheit der Naturwissenschaftler geteilt, die mit den Mitteln naturwissenschaftlicher Erkenntnis eine solche Richtung nicht festzustellen vermögen. Die Ursache dafür ist leicht ersichtlich: Solange die Naturwissenschaft den Menschen als rein materielle Gegebenheit betrachtet – was einem Wirklichkeitsausschnitt des Menschseins entspricht, also eine Verkürzung der Wirklichkeit bedeutet –, entzieht sich die geistige Wirklichkeit des Menschseins dem Zugriff naturwissenschaftlicher Forschung und kann deshalb im Horizont ihrer Welterfassung nicht vorkommen. Der Mensch wird zu einem Primaten unter den Primaten, zu einem Lebewesen, das allen anderen gleichgestellt ist und dem im Grunde kein höherer Eigenwert zukommt. Geist ist ein in den Naturwissenschaften nicht vorkommender Begriff, man behandelt ihn – Ausnahmen bestätigen die Regel – als ein möglichst mit materiellen Gehirnfunktionen erklärbares Epiphänomen.[17]

machte, hat die Philosophie sich um die Abgrenzung dessen bemüht, was mit Gewißheit gesagt werden kann. Gewißheit ist aber kein Merkmal einer bedeutenden Wahrheit, sondern eher das Merkmal der Trivialität. Die für den Menschen wichtigen Wahrheiten sind immer mit einem Dunst der Ungewißheit umgeben. Niemand weiß mit letzter Gewißheit, ob die Liebe, die ihm oder ihr ein Partner zusagt, wirklich gegeben ist.

15 ETG 176.

16 ETG 176.

17 Hier ist nicht der Ort, diese naturwissenschaftliche Position in ihren Vertretern aufzuzeigen und in ihrer Unzulänglichkeit vor dem Hintergrund erfahrener Wirklichkeit des Bewußtseins zu analysieren.

Für Teilhard steht fest, daß sowohl in der Betrachtung „*a priori* als auch *a posteriori* die fortschreitende Geistwerdung der Bewußtheiten sich als das einzige variable Merkmal (der einzige Parameter) erweist, das ermöglicht, der Richtung und Größe nach die wesentliche Kurve des Werdens zu verfolgen“ [18].

Dieser Parameter der fortschreitenden Geistwerdung ist für die klassische Theologie mit ihren philosophischen Voraussetzungen der klaren Scheidung von Geist und Materie – am deutlichsten und bildhaftesten vermittelt durch das Einblasen des Lebensodems ([spiraculum vitae] im zweiten Schöpfungsbericht der Genesis [2,7]) – nicht akzeptabel. Wie Teilhard selbst feststellt, hat die spiritualistische Philosophie unerschütterlich an der wesentlich doppelten Wirklichkeit der beiden Prinzipien (des höchst Einfachen und des höchst Komplizierten) festgehalten, die im vernünftigen Lebewesen aneinander gekoppelt sind.

Am Parameter der fortschreitenden Geistwerdung hat Teilhard immer festgehalten[19], und man würde ihn gründlich mißverstehen, wenn man sein Sprechen über den Weltstoff – er vermeidet häufig, wenn auch nicht immer den Terminus Materie, wenn er mißverstanden werden kann – im Sinne eines materialistischen Reduktionismus interpretieren würde. Der Weltstoff selbst hat für Teilhard immer schon auch eine geistige Dimension.

Diese Vorstellung ist zweifellos störend für den, wenn auch häufig geleugneten, aber in der Tiefe wirksamen dualistischen Ansatz traditioneller Theologie. Vielleicht darf man in diesem Zusammenhang daran erinnern, daß nach dem christlichen Credo die Welt von Gott aus dem Nichts, und nicht aus einer vorgegebenen Materie geschaffen wurde. Gott aber

[18] ETG 176.

[19] Wie Teilhard zu diesem Parameter gefunden hat, wird deutlich in der Arbeit von Thomas Becker, Geist und Materie in den ersten Schriften Teilhard de Chardins (Freiburger theologische Studien), Freiburg–Basel–Wien 1987.

ist nach christlicher Überzeugung reiner Geist. Materie, als absolut ungeistig vorgestellt, würde als der Stoff der Welt eine Art von Sein darstellen, die in keiner Weise in der Wirklichkeit Gottes eine seinsverleihende Ähnlichkeit findet. Mit anderen Worten, der Materie müßte ein Gott absolut fremdes und damit unabhängiges eigenständiges Sein Gott gegenüber zugesprochen werden. Gott, in dem nach traditioneller Auffassung die Fülle des Seins ist, würde eine Ihm fremde Seinswirklichkeit entgegengestellt. Wenn es richtig ist, daß alles Sein seine Wirklichkeit nur hat, sofern es eine Ähnlichkeit (similitudo) zum Sein Gottes, und sei sie noch so spurenhaft, aufweist, dann ist es auch unabweisbar, daß der Stoff der Welt noch in seinen einfachsten Formen letzten Endes eine geistige Dimension aufweist, sofern ihm Sein zugesprochen werden kann. Wenn Teilhard seinerseits den Stoff der Welt nicht als der geistigen Wirklichkeit entgegengesetzt auffaßt, steht er damit nicht im Widerspruch zur Tradition, wie sie etwa bei Thomas von Aquin ausformuliert wurde. Allerdings sieht Teilhard auch von Anfang an, daß es weder der traditionellen Philosophie noch der klassischen Theologie gelungen ist, die Brücke zwischen dem materiellen und dem spirituellen Aspekt der Wirklichkeit zu verdeutlichen.

Während die „Materialisten im eigenartigen Kontrast zwischen der Geistigkeit der Seele und der Zerbrechlichkeit des Organismus einen Beweis dafür gesehen haben, daß das Denken ein nebensächliches kosmisches Element, ein Epiphänomen ist“, hat demgegenüber „die spiritualistische Philosophie unerschütterlich festgehalten an der wesentlichen doppelten Wirklichkeit der beiden Prinzipien (des höchst Einfachen und des höchst Komplizierten), die im vernünftigen Lebewesen gekoppelt sind“[20]. Allerdings weiß Teilhard auch, daß die spiritualistische Philosophie nie versucht hat, „eine Erklärung für diese erstaunliche und

[20] ETG 177.

konstante Verknüpfung zu geben"[21]. Diese Verknüpfung des Denkens mit dem Materiellen und dem Vielen wird in der Sicht Teilhards zum Ansatz für ein Begreifen der Wirklichkeit des werdenden Seins. Dabei ist für ein Verstehen entscheidend, daß die Materialität sich für Teilhard als die Vielheit definiert. Im Gegensatz zur aristotelischen Philosophie, in der die Materie als zu formendes Material begriffen wird, als die Möglichkeit, eine Form zu erhalten, wird im Teilhardschen Ansatz der Aspekt der Vielheit zum kennzeichnenden Merkmal der Materialität.

4.1 Der Begriff der Vereinigung als metaphysischer Grundbegriff

„Am Anfang muß man sich die schaffende[22] Energie der Welt im Kampf mit einer unendlichen Pulverulenz vorstellen, einer ihrer Natur nach unendlich aufgelösten Sache, (und folglich ihrer Tendenz nach) einer Art reinen Vieles."[23] Man muß in diesem Kontext darauf hinweisen, daß zu dem Zeitpunkt, 1917, als Teilhard diese Gedanken entwickelte, das Universum noch verhältnismäßig klein war. Man kannte nur eine Milchstraße, in und neben der auch Sternennebel vorkamen, die aber erst nach der Entwicklung der großen Teleskope wie des Fünf-Meter-Teleskops auf dem Mount Palomar endgültig als Galaxien identifiziert wurden.[24] Die allgemeine Relativitätstheorie hatte Einstein gerade 1916

[21] ETG 177.

[22] Teilhard verwendet den Terminus *Énergie ouvrière,* die arbeitende, wirkende, schaffende Energie: Eine präzise Übersetzung ist nicht möglich.

[23] ETG 177.

[24] Die Encyclopaedia Britannica deutet in ihrer Ausgabe von 1940 an, daß die Nebel teilweise auch ähnliche Gebilde sind wie unsere Milchstraße, daß sie aber wesentlich geringere Ausmaße haben müßten.

vorgestellt, und die Vorstellung eines expandierenden Universums war noch nicht gedacht worden. Friedmann schlug sie Anfang der 20er Jahre vor, Hubble trug zu ihrer Annehmbarkeit bei, die Mehrheit der Astronomen übernahm diese Vorstellung erst nach der eher zufälligen Entdeckung der Hintergrundstrahlung des Weltalls, der von der Expansionstheorie vorausgesagten Reststrahlung des Urknalls, im Jahre 1963. De facto erzeugte der Urknall eine unendliche, auseinanderstrebende Pulverulenz von Partikeln, so daß die Vorstellung Teilhards von den Anfängen der uns bekannten Wirklichkeit heute besser nachvollziehbar ist als in der Zeit des ersten Weltkrieges.[25]

Hier wird ein Kennzeichen der Metaphysik Teilhards deutlich: Sie ist kein abstraktes Konstrukt, das sich in erster Linie einer idealistischen Einsichtigkeitskontrolle im Sinne der Kantianischen Kritiken unterworfen weiß, vielmehr wird sie, hierin eher dem aristotelischen Ansatz näher, immer wieder mit der erfahrenen Wirklichkeit dieser Welt konfrontiert und an ihr verifiziert. In der Welt, die mit der fast unendlichen Pulverulenz beginnt, macht es die Aufgabe und „das Geheimnis der Schöpfung aus, die Auflösungskräfte zu reduzieren und umzukehren, so daß man immer synthetischere Monaden erhält“.

[25] Es ist hier nicht der Ort, auf die Frage einzugehen, ob der Urknall den Beginn der Schöpfung darstellt. Er ist m.E. lediglich der Punkt, hinter den wir wissenschaftlich, d.h. auf empirisches Wissen gegründet, nicht zurückfragen können. Es ist vielleicht nicht unwichtig, darauf hinzuweisen, daß Papst Johannes Paul II., hierin seinem Vorgänger Pius XII. widersprechend, nachdrücklich davor warnt, „zu apologetischen Zwecken unkritischen und übereilten Gebrauch von solchen neueren Theorien wie dem ‚Urknall‘ in der Kosmologie zu machen“: Schreiben Johannes Pauls II. an George V. Coyne S.J., Direktor des Vatikanischen astronomischen Observatoriums, in: Karl Schmitz-Moormann, Hrsg., Schöpfung und Evolution, Neue Ansätze zum Dialog zwischen Naturwissenschaften und Theologie, Düsseldorf 1992, 149–160.

Die Geschichte des Universums, wie wir sie heute zu sehen vermögen, entspricht weitgehend diesen der gewußten Wirklichkeit vorauseilenden Gedanken Teilhards. Am Anfang steht im Urknall eine in Auflösung begriffene, auf unendliche Zerstrahlung hin ausgerichtete Masse von Partikeln und Antipartikeln. Wie stark diese Auflösungstendenz am Anfang ist, ergibt sich schon daraus, das weniger als ein Millionstel Prozent der ursprünglichen Partikeln der Zerstrahlung entzogen wurde und sich in die Richtung entwickelte, die wir heute als Materie kennen. Alles Werden in diesem Universum gründet auf diesem minimalen Anteil der Partikel, die sich der Zerstrahlung entzogen haben. Wie bekannt, bildeten sich zunächst lediglich Neutronen aus der Vereinigung dreier Quarks[26], die dann unter Abgabe von Elektronen und Neutrinos zu Protonen (Wasserstoffkernen) zerfielen, mit denen sich ein Teil der Neutronen zu Alphateilchen (Heliumkernen) verband. Die Geschichte des Werdens läßt sich so als eine Geschichte fortschreitender Einswerdung beschreiben. „Je inniger die Vereinigung zwischen den mannigfaltigeren Elementen verwirklicht worden ist (je mehr die Vielheit überwunden wurde), um so vollkommener und bewußter ist das Sein aufgetreten. *Plus esse = plus, et a pluribus, uniri* [Mehr sein = mehr, und aus mehreren, vereint werden].“ Teilhard läßt keinen Zweifel daran, daß dies nicht nur eine Metapher ist: „Die Seele ist auf allen ihren Stufen, der atomaren, der vegetativen, der sensitiven und der vernünftigen, aus dieser fortschreitenden Konzentration des anfänglichen Staubs entstanden. Die Beseelung ist der Vereinigung proportional.“[27]

[26] Wir können hier auf die Ausdifferenzierung der Quarktypen und der möglichen Teilchen-Familien verzichten: Alle Teilchen definieren sich aus der Vereinigung von Quarks zu einer Einheit, unter Abgabe von Elektronen, Neutrinos etc. Ob die Quarks selbst noch weiter auf Unterpartikeln zurückführbar sind, ist noch eine offene Frage. An der prinzipiellen Struktur des Werdens durch Vereinigung würde sich damit aber nichts ändern.

[27] ETG 177.

Allerdings darf man nicht dem materialistischen Reduktionismus verfallen, der glaubt, weil man einen Aspekt des Werdens der Seele kennt, nämlich die Vereinigung materieller Elemente, würde damit die Seele umfassend beschrieben. Diesen Anfang dieses Jahrhunderts und auch heute noch weit verbreiteten Grundirrtum materialistischer Wissenschaft weist Teilhard von Anfang an zurück: „Das Bewußtsein darf selbstverständlich nicht als eine einfache Resultante der untereinander harmonisierten elementaren materiellen Eigenschaften gesehen werden. Der Seinszuwachs, der auf die wechselseitige Befruchtung der Monaden folgt, stellt das Auftreten in der Welt von etwas *ganz Neuem* dar."[28] Mit dieser Feststellung widerspricht Teilhard grundlegend der klassischen philosophischen Auffassung, nach der Werden nur möglich ist als ein Gleiches aus Gleichem. Wie es bei Aristoteles heißt, von einem Pferd kommt ein Pferd, es sei denn etwas wider die Natur. In der Vereinigung von Elementen wird etwas ganz Neues. „Die ontologische Vereinigung" – und Teilhard betont ausdrücklich: „man muß den Wertgehalt dieses Wortes richtig begreifen" – „ist im eigentlichen Sinne *schöpferisch.*"[29] Von Anfang steht für Teilhard fest, daß dieses Bild die angemessene Beschreibung des Schöpfungsgeschehens ist: „Die Schöpfung geschieht durch Vereinigen; und die wahre Vereinigung wird nur erzielt durch Erschaffen: die beiden Aussagen sind korrelativ."[30]

Die metaphysische Wende, die Teilhard mit diesem Neuansatz des Seinsverständnisses vollzog, blieb für sein ganzes Leben und sein ganzes theologisches und philosophisches Denken entscheidend. Diese Metaphysik der Vereinigung ist die Lehre vom werdenden Sein in einer geschichtlichen Welt, die nicht in ihren Anfängen die Fülle des Seins hat. Die Ursachen vermögen in dieser Sicht keine zureichende

[28] ETG 177–178.
[29] ETG 178.
[30] ETG 178.

Erklärung zu liefern. Damit distanziert sich Teilhard sowohl vom mittelalterlich-scholastischen als auch vom kausalistisch-naturwissenschaftlichen Denken als dem jeweils allein gültigen Erklärungs- und Verstehenshorizont der Wirklichkeit.

Sein Leben lang hat Teilhard an dieser Metaphysik, die den Kern seines Denkansatzes bildet, weitergefeilt, ohne sich jedoch jemals von ihren zentralen Sätzen zu entfernen. Für Teilhard steht seit 1917 fest: „Es gibt keine geistige *Einheit* ohne die Ausübung eines Vermögens zu einen: *unum nascitur uniendo.*“[31] Kein anderer Terminus kommt in den Tagebüchern Teilhards so häufig vor wie der Begriff der *unio* in seinen verschiedenen Abwandlungen. Dabei ist sich Teilhard vollends der Schwierigkeit bewußt, die die Übernahme dieses metaphysischen Neuansatzes bedeutet. Er verlangt die Aufgabe der häufig als Denkgesetze mißverstandenen Denkgewohnheiten der sich an den Anfängen orientierenden Seins-Metaphysik.

In der Philosophie der Vereinigung wird das Sein selbst definierbar in der von Teilhard im Jahre 1924 ausgeweiteten und dann bis zum Tode beibehaltenen Formulierung: *„Plus esse est cum pluribus uniri“* und *„plus esse est plus plura unire“*. Wie radikal diese Änderung im Denkansatz ist, wird daran deutlich, daß Teilhard selbst von ihm freundlich gesinnten Theologen, die sich um die Publikation seiner Texte bemühten, resignierend feststellen mußte: „Es gelingt ihm nicht, sich in die Perspektive einer Metaphysik der Vereinigung zu versetzen (er klammert sich fest an einer phantastischen Idee der Freiheit und der Allmacht Gottes.“[32] In dieser alten Vorstellung „konnte Gott 1) augenblicklich, 2) isolierte Wesen, 3) so oft es ihm gefällt schaffen“[33]. In einer werdenden, evolutiven Welt ist das nicht möglich, wenn sich

[31] ETG 179.
[32] Notiz vom 1. Juli 1948.
[33] X, 209.

Gott nicht in Widerspruch zu seinem eigenen Schöpfungstun setzen will.

Die Schwierigkeit liegt vor allem darin, daß unsere Sprache und damit unser Denken seit je vom Seinsgedanken geprägt ist. Der Kernpunkt der Teilhardschen Metaphysik besagt nun, daß Sein nur als je aktualisierte Vereinigung vorkommt. Verlust, Zerfall der Einheit bedeutet Seinsverlust. Im Horizont unseres heutigen Wissens erweist sich diese Metaphysik als der uns bekannten Wirklichkeit durchaus angemessen. Bereits die einfachsten Elemente haben ihre Existenz in der realisierten Vereinigung: So besteht das Proton bereits aus zwei Up- und einem Down-Quark, deren Vereinigung offensichtlich aufgrund der experimentellen Befunde sehr stabil ist, bei der aber auch mit einem schließlichen Zerfall gerechnet wird.

4.2 Merkmale des Vereinigung

Teilhard unterscheidet dabei sehr deutlich zwischen Vereinigung und Anhäufung, die keine Einheit hervorbringt. Vereinigung ist geprägt durch Komplexität, während die Anhäufung oder einfache Aggregation keine innere Einheit hervorbringt: Elemente können [fast] beliebig hinzugefügt und entfernt werden, ohne daß sich die Sache selbst wesentlich verändert. Es handelt sich „um eine Ansammlung irgendwelcher *nicht angeordneter* Elemente: – etwa ein Sandhaufen – oder sogar etwa die Sterne und Planeten (wenn man von einer gewissen Klassifizierung aufgrund der Schwerkraft absieht, sowie davon, aus welchen Elementen sie sich zusammensetzen)“[34]. Das entscheidende Merkmal dabei ist, daß weder die Anhäufung noch die Elemente etwa des Sandhaufens sich durch die Anhäufung ihrem Wesen nach verändern. Dem Haufen kann Sand hinzugefügt werden oder wegge-

[34] VIII, 28–29.

nommen werden, ohne daß etwas Neues wird. Weder hört der Sand auf, Sand zu sein, noch der Haufen ein Haufen. Ebenso gilt bei Sternen und Planeten, daß weder die Hinzufügung noch die Entfernung von Materie etwas Neues bringt. Dies mag angesichts der Geschichte der Sterne erstaunen. Doch bei genauerem Zusehen zeigt sich, daß die Sterne dank der Schwerkraft und Masse die Rahmenbedingungen schaffen, so daß sich in ihrem Innern ein Prozeß der Vereinigung – die Fusion von Protonen und Neutronen zu Alpha-Partikeln (Helium-Kernen) – vollzieht, der die notwendige Energie freisetzt, der Schwerkraft Einhalt zu gebieten, die sonst die Masse zu einem Schwarzen Loch komprimieren würde. Die Existenz der Sterne, der Sonnen als leuchtende Himmelskörper, hängt damit in erster Linie vom Prozeß der Vereinigung ab, der sich in ihrem Innern abspielt. Die Schwerkraft, die Masse des Sternes, bildet lediglich die conditio sine qua non dafür, daß diese Vereinigung unter den gegenwärtigen – in der Zeit nach den ersten Minuten des „Urknalls" gegebenen – Bedingungen sich vollziehen kann.[35] Die Geschichte der Sterne ist die Geschichte der sich in ihrem Innern vollziehenden Fusionsprozesse, aus der durch Vereinigung von Protonen und Neutronen über eine Reihe hier nicht näher zu erläuternder Zwischenstufen von bereits komplexeren Atomen die ganze Reihe der klassischen Elemententafel wird.[36]

[35] Es mag daran erinnert werden, daß es offensichtlich sehr schwierig ist, auf der Erde entsprechende Bedingungen zu schaffen. Die Fusionstechnologie, wie sie im Dezember 1993 in Princeton, USA, realisiert wurde, vermag gerade den Prozeß für einen Sekundenbruchteil in Gang zu halten, wobei mehr Energie aufgewendet als gewonnen wird. Immerhin kommt man aber einem positiven Energie-Ausstoß deutlich näher.

[36] Alle Elemente mit einem schwereren Kern als Eisen brauchen zu ihrer Entstehung bekanntlich eine Energiezufuhr, sie können also nicht durch den die Sterne zum Leuchten bringenden langsamen Fusionsprozeß entstehen. Wir verdanken ihr Vorhan-

Ein Stern, ein Planet ist so, seiner Masse nach, eine Anhäufung, aber keine komplexe Einheit, die in sich geordnet wäre. Durch die Anhäufung werden Rahmenbedingungen verändert, aber es tritt aufgrund der Anhäufung nichts Neues auf. Grundsätzlich ist eine Anhäufung teilbar, ohne daß sie ihr Merkmal der Anhäufung verlieren würde. Bei aus der Vereinigung hervorgegangenen neuen Realitäten ist genau das nicht möglich: Ein Atom, das geteilt wird, hat nicht mehr dieselben Qualitäten. Radium wird durch den Zerfall schließlich zu Blei. Dem Prozeß der Vereinigung steht immer die Bedrohung durch den Zerfall gegenüber. Ein Haufen kann abgetragen werden, ohne daß sich die Wirklichkeit des angehäuften Materials verändert. Uran-Atome lassen sich nicht abtragen.

Dem Atom kann so im Sinne Teilhards die Komplexität zugesprochen werden. Komplexität kommt dagegen nicht zustande „durch *einfache* unbegrenzte geometrische *Wiederholung* von Einheiten, (so mannigfaltig sie auch sein mögen und um wieviele Achsen sie sich auch anordnen) – wie dies bei dem erstaunlichen und universellen Phänomen der Kristallisation geschieht“[37]. Ein Kristall weist bekanntlich eine bis in den mikroskopischen Bereich gehende Teilbarkeit auf, ohne daß sich die Eigenschaften des Kristalls änderten. Weder durch Zuwachs noch durch Spaltung ändert sich etwas. Ein großer Diamant weist, abgesehen vom Preis, keine wesentlich neue Eigenschaft gegenüber einem kleinen auf. Auch hier liegt also keine Veränderung der Komplexität und damit keine verwirklichte Vereinigung vor, die etwas Neues hervorgebracht hätte.

Unter dem Aspekt der Komplexität ist das Merkmal der Vereinigung, daß in ihr Elemente zu einem Neuen „in einem geschlossenen Ganzen mit einem bestimmten Radius“ ver-

densein den Sternexplosionen der Novae, bei denen plötzlich große Mengen Energie freigesetzt werden, die die Entstehung der schwereren Elemente ermöglichen.

37 VIII, 29.

bunden sind: z.B. „das Atom, das Molekül, die Zelle, der Vielzeller“[38]. Das doppelte Charakteristikum eines Komplexes ist „die fixe Zahl der Elemente und das geschlossene Ganze“[39]. Was gemeint ist, wird sehr deutlich etwa an einem Molekül, bei dem ein Atom mehr oder weniger die Gesamtstruktur verändert, bei dem nicht nur die Anzahl der verschiedenen in diesem Molekül vereinigten Atome seine Eigenschaften bestimmt, sondern ebensosehr die Anordnung dieser Atome seine Qualitäten festlegt. Darüber hinaus ist es ohne weiteres einsichtig, daß ein Molekül mehr ist als die Summe seiner Atome, durch es kommen neue Wirklichkeiten und neue Möglichkeiten in die Welt.

Ebenso ist eine Zelle mehr als die Summe der in ihr vereinigten Moleküle: Selbst wenn man alle Moleküle, die eine Zelle ausmachen, zusammenbringen würde, bilden sie noch keine effektive Zelle.[40] Stirbt eine Zelle, ist die Anzahl der in ihr vorhandenen Atome unverändert, doch hört sie auf, eine funktionierende Zelle zu sein. Sie beginnt zu zerfallen, sie hat ihre innere, physisch nicht an einem bestimmten Molekül festmachbare Einheit verloren. Vereinigung im Sinne der Teilhardschen Definition ist so immer durch einen Zuwachs an Seinsmächtigkeit[41] gekennzeichnet.

Ein weiterer Gesichtspunkt ist zu beachten: Vereinigung

[38] VIII, 29.

[39] VIII, 29.

[40] In diesem Kontext mag es interessant sein, daß eben jener Miller, der 1953 die Experimente durchführte, die zeigten, daß sich aus einer Uratmosphäre unter Energiezufuhr durch elektrische Entladungen – Blitze – alle Aminosäuren bilden, die in den lebenden Organismen vorkommen, 1993 resignierend feststellen mußte, daß die Euphorie des Jahres 1953 verflogen ist. Glaubte er damals, nur noch wenige Schritte von der Aufklärung der Entstehung des Lebens auf der Erde entfernt zu sein, muß er heute feststellen, daß wir inzwischen keinen Schritt weitergekommen sind. (Vgl. seinen Artikel im *Scientific American*, Sept. 1993).

[41] Dieser Terminus ist nicht der glücklichste, doch sind wir mit unserer Sprache derart in der als Seinswelt wahrgenommenen

heißt für die Elemente nicht, daß sie wie in einem Tiegel miteinander verschmolzen werden. Vielmehr respektiert die Vereinigung die Eigenart der Elemente und läßt sie an neuen Wirklichkeiten teilhaben. Weit davon entfernt, die Eigenart des Elementes aufzuheben, eröffnet die Vereinigung neue Zukunftsmöglichkeiten für das Element. So kann das Kohlenstoff-Atom oder das Wasserstoff-Atom nur dann in die lebendige Wirklichkeit einer Zelle, eines denkenden Menschen einbezogen werden, wenn es über eine Kette von Vereinigungsereignissen dorthin gelangt ist. In diesem ganzen Prozeß wird die Eigenart des Atoms nicht aufgehoben. Zerfällt das Leben, läuft der Prozeß der Enteinung umgekehrt ab. Der Kohlenstoff kann schließlich, wie etwa bei der Verkohlung der Carbonwälder, ziemlich rein übrig bleiben. Geht das Element in eine Vereinigung ein, gewinnt es neue Möglichkeiten des Seins. Teilhard sagt dies mit dem als Grundprinzip bezeichneten Satz aus: „Die Unio Creatrix, die schöpferische Vereinigung, verschmilzt die Glieder nicht miteinander, die sie gruppiert (besteht die Seligkeit, die sie bringt, nicht gerade eben darin, eins mit dem andern zu werden, und zugleich man selbst zu bleiben?). Sie bewahrt sie: Sie vollendet sie sogar, wie an den lebendigen Körpern zu sehen, in denen die Zellen umso spezialisierter sind, als sie zu einem in der Reihe der Tiere höherem Wesen gehören."[42]

Dies erlaubt eine erste Wertung von Vereinigungsereignissen. Sie müssen, wenn sie den Weg zu höheren Seinsebenen eröffnen sollen, die Eigenart und den Eigenwert der integrierten Elemente respektieren. Dies ist auf der Ebene der Atome und Moleküle, die uns einen ersten Einblick in die Metaphysik der Vereinigung zu eröffnen vermochten, kaum überzeugend auszuweisen. Wir dürfen aber nicht übersehen, daß es sich um eine die gesamte Wirklichkeit des

Wirklichkeit zu Hause, daß wir kaum die Fähigkeit haben, ohne den Rückgriff auf solche Worte uns verständlich zu machen.

[42] IX, 74.

historisch durch den Vereinigungsprozeß hindurch werdenden Kosmos erfassende Metaphysik handelt. Sie gilt für alles uns bekannte Sein, das uns als je sich realisierender Akt der Vereinigung erscheint. Versuche, Elemente unter Mißachtung ihres jeweils erreichten Seins- oder Werde-Niveaus in eine Einheit gewaltsam zusammenzufügen, würde zu einem Verlust an Sein auf der Ebene des Elementes und nicht zu einer Überhöhung führen. Auf der Ebene des Menschseins wird dies leicht einsichtig: Der Mensch als Element einer höheren Einheit darf nicht zu einem sein Personsein in Frage stellendes Rädchen im Getriebe degradiert werden. Jegliche Form der Einswerdung auf der Ebene menschlicher Beziehungen muß die Person und damit die Einmaligkeit und Unersetzlichkeit des einzelnen respektieren. Wenn, wie Teilhard vermutet, die Zukunft des Lebens auf der Erde von der Bildung höherer Komplexitäten abhängt, in die der Mensch als Element eingeht – was Teilhard durch den Gedanken der Planetisation ausdrückt –, dann wird mit dem Merkmal der Differenzierung, d.h. der Respektierung der erreichten evolutiven Stufe des Personseins, der Spielraum abgesteckt, innerhalb dessen eine positive, d.h. nicht regressive Weiterführung der Evolution sich ereignen sollte. Gesellschaftsstrukturen, Gesellschaftsentwürfe, die diesem Anspruch nicht genügen, sind in einer Perspektive der Unio Creatrix nicht akzeptabel.[43] Dieser Hinweis mag genügen, um zu verdeutlichen, daß die Metaphysik der Vereinigung keine folgenlose Gedankenspielerei ist.

Allerdings ist diese Metaphysik ziemlich weit entfernt von dem, was die scholastische Philosophie darunter verstand. Deshalb stellt Teilhard auch fest: „Die Unio creatix ist nicht im eigentlichen Sinne eine metaphysische Lehre. Sie ist vielmehr eine Art empirischer und pragmatischer Erklärung des Universums, die aus dem Bedürfnis in mir [i.e. Teilhard]

[43] Vgl. Die psychologischen Bedingungen der menschlichen Einswerdung, VIII, 175–185; Ein großes Ereignis zeichnet sich ab: die menschliche Planetisation, V, 157–175.

entstanden ist, die wissenschaftlichen Anschauungen von der Evolution (die im wesentlichen als endgültig anerkannt gelten) mit der angeborenen Tendenz zu versöhnen, die mich gedrängt hat, das Göttliche nicht im Bruch mit der physischen Welt, sondern durch die Materie hindurch und in gewisser Weise in Vereinigung mit ihr zu suchen."[44]

In dem Phänomen des Einsseins, des Geeintseins, wie es uns in jedem gewordenen Wesen begegnet, begegnen wir einer Wirklichkeit, die sich dem Zugriff wissenschaftlicher Analyse wesentlich entzieht. Was eine Sache zu einem Ganzen macht, wird in der Analyse nicht sichtbar. Man hat in neuerer Zeit diesen Zusammenhang häufig in der Begrifflichkeit des Holismus auszusagen versucht. Abgesehen davon, daß dies nur ein weiterer Versuch ist, die Tatsache zur Aussage zu bringen, daß das Ganze mehr ist als die Summe seiner Teile – die der Analytiker zu sehen vermag –, fügt sich diese Begrifflichkeit kaum in eine evolutive Perspektive ein. Was sie feststellt, ist richtig, gibt aber keine Orientierung. Teilhard hat dieses Phänomen der Ganzheit unter einer anderen Begrifflichkeit, nämlich der der Zentreität, zu fassen versucht.

In seiner Schrift „Die Zentrologie"[45] entwickelt Teilhard diesen Begriff des Zentrums als das, was die Einheit eines Gewordenen kennzeichnet. Dieser Begriff ermöglicht, im Unterschied zu dem Begriff der Ganzheit, eine Gradierung der Zentreität. Der Ausgangspunkt ist wiederum nicht ein abstrakter Begriff, sondern die erfahrene Wirklichkeit. „Keine abstrakte Metaphysik", die wie die scholastische Metaphysik vom Seinsbegriff deduzierend vorgeht, „sondern eine realistische Ultraphysik der Vereinigung"[46].

Dabei geht Teilhard von der Grundhypothese seines Denkansatzes aus, daß nämlich nicht die Anfänge die Erklärung für das Gewordene zu liefern vermögen, daß

[44] IX,72.
[45] La Centrologie, Essai d'une dialectique de l'union, VII,105–134.
[46] l.c. 106.

vielmehr das Gewordene ein Verstehen der Anfänge ermöglicht. Mit anderen Worten, nicht der Urknall, der Big Bang, ist der Schlüssel zum Verständnis des Universums, der Evolution, sondern der zuletzt gewordene Mensch. In der Zentrologie werden die drei als evident angesehenen Voraussetzungen noch einmal knapp formuliert:

„*Intuition:* In der ‚wimmelnden' Vielzahl von lebenden (einzelligen und vielzelligen) Elementen, welche die Biosphäre bilden, setzt sich in authentischer Weise die granulare (atomare, molekulare) Struktur des Universums fort. Stellt man ihn wieder in die korpuskulare kosmische Reihe, ist der menschliche Leib nichts anderes als ein ‚Super-Molekül', das uns damit die Gelegenheit bietet, in ‚vergrößertem' Zustand die Eigenschaften *eines jeden* Moleküls auszumachen."

„*Feststellungen:* Der Mensch, das letzte Produkt der planetaren Evolution, ist zugleich in seiner (am Gehirn gemessenen) physisch-chemischen Organisation höchst *komplex* und in seiner Psyche gesehen höchst *frei und bewußt.*"[47]

Mit diesen drei Grundevidenzen begründet Teilhard seine Interpretation der Wirklichkeit als auf allen Ebenen von Bewußtsein durchdrungen. „Auf allen Stufen der Größe und der Komplexität sind die kosmischen Korpuskeln oder Körner nicht nur, wie die Physik erkannt hat, Zentren universeller energetischer Strahlung; vielmehr besitzen alle und stellen alle außerdem, ein wenig wie der Mensch, ein kleines ‚Innen' dar (so diffus oder sogar bruchstückhaft es sein mag), in dem sich mehr oder weniger angedeutet eine besondere Repräsentation der Welt reflektiert: psychische Zentren in bezug auf sich selbst, und infinitesimale psychische Zentren des Universums. – Mit anderen Worten, das Bewußtsein ist eine universelle molekulare Eigenschaft; und der molekulare Zustand der Welt ist Ausdruck des pluralisierten Zustandes einer Möglichkeit universellen Bewußtseins."[48]

[47] l.c. 106.
[48] l.c. 106–107.

Selbstverständlich ist sich Teilhard darüber im Klaren, daß diese Universalität der psychischen Wirklichkeit nicht ohne weiteres auf der atomaren und molekularen Ebene nachzuweisen ist. Im *Menschlichen Phänomen*[49] läßt Teilhard uns diese Einsicht in die Allgegenwärtigkeit der psychischen Dimension in der korpuskularen Wirklichkeit des Universums in der Rückschau gewinnen: Die Zeiten, da wir im Anschluß an die mechanistische Weltschau den Leib als eine Maschine, die Tiere als von ihnen angeborenen Gesetzmäßigkeiten gelenkte Maschinen ansehen konnten, dürften vor allem aufgrund der Untersuchungen an Schimpansen und anderen Primaten endgültig vorbei sein. Zumindest auf der Ebene der Primaten kann Wissen erworben werden, das Veränderungen des Verhaltens ermöglicht. Lernfähigkeit läßt sich ebenso bei vielen anderen Säugetieren, Vögeln und sogar bei Insekten nachweisen. Selbst bei Pantoffeltierchen läßt sich noch zeigen, daß vergangene Erfahrungen das Verhalten beeinflussen. Die die Menschen umgebenden Haustiere, insbesondere die nicht als Nutztierhaltung im Umfeld des Menschen lebenden Tiere wie Hund, Katze und Kanarienvogel, sind nach den Erfahrungen ihrer Halter keine seelenlosen Maschinen, sondern Partner in einer Beziehung, die von seiten des Menschen her häufig einen sehr persönlichen, wenn auch nicht personalen Charakter hat.[50] Wir finden hier in der Nähe zum Menschen Lebewesen, die durchaus sich als Ganzheit verhalten, die auf ihre Außenwelt hin geöffnet sind und zu ihr in einer wahrnehmenden und

[49] Le phénomène humain, Paris 1955, deutsch mit dem irreführenden Titel „Der Mensch im Kosmos“ veröffentlicht bei C.H. Beck, heute DTV ^{3}1983 in einer wenig zuverlässigen Übersetzung. Zu einer Stelle des Werkes, zu der ich eine andere Übersetzung vorgeschlagen hatte, schrieb der Verleger: „An dieser Stelle gefällt uns weder das Original noch Ihre Übersetzung. Wir finden unsere Übersetzung schöner.“

[50] Wie das Verhältnis etwa des Hundes zu seinem Herrchen oder Frauchen ist, entzieht sich unserer eindeutigen Erkenntnis.

auf sie einwirkenden Beziehung stehen. Diese Eigenschaften unterscheiden zumindest alle Lebewesen eindeutig von Maschinen. Die Maschine – sogar der Computer – hat keine Beziehung zur Umwelt. Man kann den Rechner mit Daten über die Umwelt füttern, doch haben diese Daten für ihn selbst keine Bedeutung: Seine Wirklichkeit hat der Computer ebenso wie jede Maschine erst durch seine Beziehung zum Menschen: Die Psyche des Computers, das Zentrum der Maschine, durch die sie ihre Ganzheit erhält, ist der Mensch. Ein Auto ohne Menschen, die es benutzen, ist ein sinnloses Gemenge verschiedener Materialien. Zum Fahrzeug wird es erst durch den Menschen. Dasselbe gilt, mutatis mutandis, für jede Maschine, ob Computer oder Steinzeitmesser.

Dagegen bleibt ein Tier ebenso wie eine Pflanze eine in sich selbst zentrierte Wirklichkeit, die als ein Ganzes der Außenwelt gegenübertritt. Gewiß gilt, daß das „Bewußtsein proportional mit der *organisierten*", d.h. in ein Ganzes integrierten „Komplexität dieser Einheiten wächst und sich vertieft"[51]. Auf der atomaren und molekularen Ebene ist es zumindest als psychische, das Verhalten bestimmende Wirklichkeit nicht aufweisbar. In Viren können wir es vielleicht erahnen, „bei Einzellern wird es bereits offenkundig"[52], doch die gewichtigen Entwicklungen vollziehen sich in den Gehirnen der großen Säugetiere.

„Daraus ergibt sich, daß das wesentlichste, das bedeutsamste Merkmal jedweder Einheit, deren Gruppierung das Universum bildet, im letzteren durch einen gewissen Grad der Interiorität, das heißt der Zentreität (Seele) gekennzeichnet ist, der selbst Funktion eines bestimmten Grades der Komplexität (*Leib,* und genauer Gehirn) ist. Dieser *Koeffizient der Zentro-Komplexität*(oder, was auf dasselbe hinausläuft, des Bewußtseins) ist das wahrhaft absolute Maß allen Seins in den uns umgebenden Wesen. Es, und es allein, vermag eine

51 l.c. 107.
52 l.c. 107.

wahrhaft natürliche Klassifikation der Elemente des Universums zu begründen."[53]

Das Universum, das aus dem Prozeß der Evolution hervorgeht, ist somit für Teilhard gekennzeichnet als ein Prozeß der Einswerdung, die von einem quasi unendlich Vielen auszugehen scheint, in der die gewordenen Einheiten, sofern sie zu Elementen höherer Einheit werden, nicht ihre Wirklichkeit einbüßen, sondern vielmehr in ihrer Wirklichkeit differenziert werden und durch ihre Teilhabe an einer höheren Wirklichkeit ein mehr an Seinswirklichkeit erfahren. Die gewordenen Einheiten, die als Ganzes erfahren werden und sich als Ganzheiten verhalten, weisen eine dem Maß ihrer Komplexität entsprechende Zentreität auf, die auf den frühen Stufen der Einswerdung als höchst rudimentäres, nicht nachweisbares, auf den jüngsten Stufen der Einswerdung mit ihrer astronomische Größenordnungen erreichenden Komplexität deutlich erfahrbares Bewußtsein aufweisen. „Wenn es ein durch die Erfahrung belegtes Faktum gibt, dann ‚daß bei allen uns bekannten Lebewesen gilt: Je höher die Psyche steht, um so mehr erscheint sie an einen komplizierten Organismus gebunden'. Je geistiger die Seele ist, um so vielteiliger [multiple] und zerbrechlicher ist ihr Leib."[54]

Teilhard weist nachdrücklich darauf hin, daß „dieses merkwürdige Gesetz der Kompensation nicht die besondere Aufmerksamkeit der Philosophen gefunden hat, außer ihnen eine Gelegenheit zu bieten, den Abgrund weiter zu vertiefen, den sie gerne zwischen Geist und Materie graben"[55]. Für Teilhard dagegen ist diese Beziehung kennzeichnend für die Wirklichkeit dieser Welt. „Anstatt eine Schwierigkeit, einen Einwand daraus zu machen", hat er „sie in das eigentliche Prinzip zur Erklärung der Dinge umgewandelt"[56].

Die Unio Creatrix ist also „die Theorie, die einräumt, daß

[53] l.c. 107.
[54] IX, 72–73.
[55] IX, 73.
[56] IX, 73.

in der aktuellen evolutiven Phase des Kosmos (der einzigen uns bekannten) sich alles so vollzieht, als wenn das Eine sich durch aufeinanderfolgende Vereinigung des Vielen bildete – und als wenn es um so vollkommener wäre, als es unter sich ein umfassenderes Vieles vollkommener zentralisiert. Für die durch die Seele in einem Leib gruppierten (und eben dadurch auf eine höhere Seinsstufe gehobenen) Elemente gilt: ‚plus esse est plus cum pluribus uniri'. Für die Seele selbst, das Prinzip der Einheit, gilt: ‚plus esse est plus plura unire'."[57]

[57] IX, 73.

5. DAS GOTTESBILD TEILHARD DE CHARDINS

Wie Trennert-Hellwig[1] richtig gesehen hat, bleibt diese Metaphysik der Vereinigung nicht ohne Konsequenzen für das Gottesbild. Der traditionellen Theologie, für die eine in ihren Anfängen definierte Welt vorgegeben war, mag nur ungenügend bewußt geworden sein, in welchem Maße die Wirklichkeitswahrnehmung sowohl der physischen als auch der sozialen Welt bestimmend ist für die Fähigkeit, Gott zu sehen. Es ist wohl keinem Zweifel unterworfen, daß die Identifizierung von Allmacht und Göttlichkeit mit der sozialen Erfahrung mit den Mächtigen dieser Welt zu tun hat. Die Stellung der Mächtigen innerhalb der Gesellschaft war immer schon eine Sonderstellung, die in geschichtlichen Zeiten – ob in China, Japan, Ägypten oder in Rom – immer auch im Umfeld des Numinosums, dem gewöhnlichen Menschen entrückt, angesiedelt war. Macht wurde geradezu als Zeichen der Göttlichkeit erfahren. Gott in erster Linie als den Allmächtigen anzubeten, ergibt sich dann als einfache Konsequenz. Wird die Macht kritischer gesehen, werden die Mächtigen selbst in Frage gestellt, wird die Allmacht zum Ansatz der Gotteskritik, der die Theodizee zu begegnen versucht. Die Allmacht wird unter das Kriterium der Gerechtigkeit gestellt, es gilt nicht mehr absolut: Was die Allmacht tut oder zuläßt, ist gut.

Es ist hier nicht unsere Aufgabe, eine ausführliche Kritik der Einflüsse vergangener kultureller Epochen auf das Gottesbild traditioneller Theologie zu liefern. Doch dürfte am Beispiel der Allmacht deutlich geworden sein, daß diese Einflüsse gegeben sind. Es ist also zu erwarten, daß ein wesentlicher Umbruch im Weltbild auch zur Folge hat, daß

1 Matthias Trennert-Hellwig, Die Urkraft des Kosmos, Freiburg 1993, 222–245.

Gott anders gesehen wird. Der Blickwinkel, unter dem Gott sichtbar wird, verschiebt sich gewissermaßen, neue, bisher nicht gesehene Aspekte leuchten auf, während andere ihren Glanz verlieren.

In der Umkehr der metaphysischen Perspektive von einer prinzipiellen Begründung zu einem rückschauenden Verstehen hat Teilhard einen sehr neuen Weg beschritten, der noch nicht ausgetreten und deshalb sicher noch voller Stolpersteine ist. Und vielleicht vermutet man mit Recht, daß Teilhard diesen Weg nur deshalb gehen konnte, weil er sich des Ziels dieses Weges immer gewiß war. Seit seiner mystischen Erfahrung, in der er das Herz Jesu als das Zentrum des Alls zu sehen vermochte, in dem sich aller werdende Geist dieser Welt sammelt, hat er darum gerungen, in der Welt den Prozeß sichtbar zu machen, der zu diesem Ziel führt. Damit ist von vornherein eine, wenn auch nicht immer explizit gemachte Voraussetzung der *Unio Creatrix,* daß dieser Weltprozeß auf Gott hin ausgerichtet ist. Allerdings würde man Teilhard mißverstehen, wenn man von diesem Weltprozeß annimmt, daß er autonom aufgrund seiner eigenen Struktur den Weg zu Gott mit quasi naturgesetzlicher Sicherheit gehen würde. Eine solche, nicht selten ausgesprochene Vermutung hat ihre Wurzel in einem naturwissenschaftlich-kausalistischen, letzten Endes materialistischen Weltverständnis oder aber in einer statischen Weltsicht, die sich nicht vorzustellen vermag, daß Gott eine unvollständige Welt geschaffen hätte. Die beiden zuletzt genannten Vorstellungen beherrschen auch heute noch weithin die naturwissenschaftliche Szene einerseits und die theologische andererseits. Von naturwissenschaftlicher Seite war seit der Reformation durch Kopernikus, Galilei und endgültig durch Newton die Erde aus dem Zentrum der Welt gerückt worden, gefolgt von der Entthronung des Menschen als einem die Natur transzendierenden Sonderwesens durch die Einordnung unter die im Prozeß der Evolution gewordenen Primaten. In der Theologie hatte man sich auf eine biblizistische Theologie zurückgezogen, sofern man nicht in der fossilen Welt des thomistischen Aristotelismus verharrte. Alle Versuche, ernsthaft zu einem Neuansatz zu gelangen, scheiterten zu Lebzeiten Teilhards an der Machtfülle kurialer Theologie.[2]

Die Metaphysik der Vereinigung hat für das Gottesverständnis fundamentale Bedeutung. Wenn es richtig ist, daß Gott als das absolut Wirkliche existiert, neben dem kein anderes Wirkliches als völlig Eigenständiges gegeben sein kann, will man nicht einem dualistischen Denkansatz verfallen, dann kann Wirklichkeit in der Welt nur vorkommen, sofern sie eine wie immer entfernte Ähnlichkeit, *similitudo* mit Gott aufweist. Dieser Gedanke findet sich ebenso schon bei Plato wie auch bei Thomas von Aquin. Er ist in sich schlüssig, wenn man den Schöpfungsgedanken ernst nehmen will. Da Teilhard immer schon als ein überzeugter Gläubiger gedacht hat und er seinen Thomas sowie die Philosophie[3] hinreichend beherrschte, darf man davon ausgehen, daß ihm dieser Gedanke selbstverständlich war.

Wenn nun das zentrale Merkmal des Werdens, wie es die Metaphysik der Vereinigung beschreibt, die durch Zentreität

2 Der 1962 geäußerte mutige Gedanke Karl Rahners, das Werden des Menschen unter dem Begriff der „Selbsttranszendenz der lebendigen Materie" zu begreifen, war ein erster wichtiger Schritt eines bedeutenden Theologen, die Evolution als solche ernst zu nehmen, und der Gedanke mag sich als hilfreich erweisen. Inwiefern er letzten Endes trägt, wird die Zukunft zeigen. Vgl. Karl Rahner, Die Christologie innerhalb einer evolutiven Weltanschauung, in: Schriften zur Theologie, Bd. V, Einsiedeln [3]1968, 183–221.

3 Während seiner Philosophiestudien auf Jersey galt Teilhard als der beste Student seines Jahrgangs, was dadurch belegt ist, daß er am Feste des heiligen Thomas von Aquin das Panegyrikum verfaßte. Die Namen seiner Mitbrüder in Jersey zeigen, daß er keineswegs dort der Einäugige unter Blinden war; vgl. Karl Schmitz-Moormann, Teilhard théologien in: Etudes Teilhardiennes (Bruxelles) 3 (1970), 63–69.

und Bewußtsein ausgemessene Einswerdung ist, dann muß – ähnlich wie die klassische Scholastik Gott als das höchste Sein beschrieben hatte – sich die Wirklichkeit Gottes in der höchsten Form der Vereinigung finden. Teilhard ist auf diesen Punkt in seinen redigierten Texten nur selten zu sprechen gekommen: Er wußte mit Sicherheit, daß er sich in diesem Punkt weit von den Vorstellungen der traditionellen Theologen entfernte und mit entsprechend scharfem Widerspruch zu rechnen hatte. Einer der wenigen Texte, die ausdrücklich auf diesen Punkt eingehen, ist „Mein Weltbild“ von 1948[4]. Diese Zurückhaltung gilt aber nicht für Teilhards eigenen Denkprozeß, wie er in den Tagebüchern sichtbar wird, in denen er insbesondere in den vierziger Jahren die Frage der Trinität in ihrem Bezug auf die Schöpfung und auf die innertrinitarische Wirklichkeit immer wieder angeht, ohne allerdings je zu einer ausformulierten Darstellung zu gelangen – eine Fülle von Einfällen, Ideen, die noch darauf wartet, ausgeschöpft zu werden. In *Mein Weltbild* liegt so nur ein erster ausformulierter Versuch vor, dem nachzugehen ist:

Die Metaphysik der Vereinigung muß zunächst auch, wie jede klassische Metaphysik, sei sie spiritualistisch oder materialistisch, die „irreversible und sich-selbst-genügende Gegenwart eines ‚ersten Seins‘ als ganz gegeben voraussetzen“[5]. Im Materialismus ist es die Ewigkeit der Materie, der zumindest diese Irreversibilität zugesprochen wird, während Teilhard dieses „Erste Sein“ in dem, was er den „Punkt Omega“ nennt, gegeben sieht. Dieser häufig zitierte Begriff hat bei Teilhard eine Entwicklung durchgemacht, die ihn zur Unterscheidung eines Punktes ï [Omikron] von dem Punkt Ù [Omega] führte. Wie die Geschichte des Universums als Vereinigungsprozeß, der immer höhere Stufen erreicht, zeigt, verweist dieser Prozeß auf einen Endpunkt höchster Vereinigung, der zumindest als Extrapolation gedacht und postuliert

[4] Comment je vois, XI, 177–220.

[5] XI, 208.

werden kann, sofern der evolutive Prozeß als Vereinigungprozeß weitergeht. Omikron ist damit der, oder zumindest ein Zielpunkt[6] der evolutiven Geschichte des Universums, der sich von der Immanenz her abzeichnet.

Die Attraktivität dieses Punktes Omikron, dem nur eine postulierte Wirklichkeit als zu realisierende Möglichkeit zukommt, erscheint Teilhard nicht ausreichend, um das Tun des Menschen und insbesondere seine Bereitschaft zu stimulieren, sich selbst ganz einzubringen. Omikron eröffnet in sich nicht die Möglichkeit, über die Immanenz hinaus zu einem Absoluten zu gelangen. Deshalb, so postuliert Teilhard, damit die „Lust am Leben"[7], damit tief im Innern des Menschen „die Quelle seines Lebensschwunges"[8] erhalten bleibe, bedarf es in einem konvergierenden Universum der konkreten Wirklichkeit dieses Omikron. Damit muß es aus dem Status des Postuliertseins heraustreten, es muß sich dem Menschen zeigen. Dies aber überschreitet offensichtlich die Möglichkeiten menschlichen Erkennens. Der Zielpunkt der Geschichte des Universums wird nur dem Auge des Glaubens sichtbar als der Punkt Christus-Omega, in dem die Menschheit, in dem das Universum die Möglichkeit der endgültigen Einheit findet. Darauf wird noch genauer einzugehen sein. Hier soll zunächst nur festgehalten werden, daß es in den Augen Teilhards ohne diesen Punkt Omega „logisch und ontologisch unmöglich ist, sich an irgend etwas festzuhalten, d.h. auch nur einen einzigen Schritt nach vorn zu tun"[9].

6 In der Schrift: La grande option [Die große Option], V, 55–83, weist Teilhard auf andere Extrapolationsmöglichkeiten hin: Das Erreichen eines Punktes Omikron ist also für Teilhard nicht mit deterministischer Gewißheit gegeben. Omikron ist eine Möglichkeit, allerdings eine Möglichkeit, die sich aus der Logik der Vereinigungsmetaphysik ergibt, ohne daß ihre Verwirklichung aufgezwungen würde.

7 Vgl. Le Goût de vivre, in: VII, 237–251.

8 VII, 245.

9 XI, 208.

Omega muß, um dem Universum, dem Menschen eine absolute Zukunft zu ermöglichen, unabhängig von den kontingenten Strukturen sein. Das „Erste Sein“ kann aber, wenn man die Metaphysik der Vereinigung zu Ende denkt, nicht mehr in der traditionellen Weise als reines Sein, als *actus purus, ens absolutum* gedacht werden. Zumindest sind diese Termini im Horizont einer Metaphysik der Vereinigung zu Worthülsen geworden, die der Auffüllung bedürfen. Sie reichen nicht mehr aus, um sich der Wirklichkeit des absoluten Seins (oder müssen wir genauer sagen, des absoluten Werdens) zu nähern. Vielmehr gilt, daß das „initiale und finale Zentrum, damit es in sich in seiner strahlenden Isolierung[10] subsistiert“, von uns notwendig „(entsprechend dem ‚offenbarten‘ Datum)[...] als sich selbst trinitarisch entgegengesetzt“[11] vorgestellt werden muß.

Die Behauptung einer solchen Aussage von der Notwendigkeit der „Trinisierung“, wie Teilhard es in dem Versuch nennt, eine neue Perpsektive in der Weise aufzuzeigen, in der Gott sich den Menschen zeigt, ist angesichts des in der klassischen Theologie immer so genannten *mysterium magnum,* des großen Geheimnisses der Trinität, für den scholastisch geschulten Theologen kaum annehmbar. Es ist deshalb notwendig, etwas genauer auf die Frage einzugehen, ob der Trinitätsgedanke in einer Metaphysik der Vereinigung die Unausweichlichkeit aufweist, die Teilhard behauptet.

Wohlgemerkt, mit Nachdruck ist darauf hinzuweisen, daß diese Argumentation außerhalb einer Metaphysik der Vereinigung nicht greift. Wer im strikten Kausalitätsdenken einer Seins-Metaphysik verharrt, wird immer an der Behauptung einer Trinisierung als „Notwendigkeit“ Anstoß nehmen. Die Metaphysik der Vereinigung dagegen kennt kein anderes

10 Teilhard schreibt „en son splendide isolement“, eine in der Theologie sonst nicht übliche Redeweise, um die absolute Transzendenz Gottes unter Nutzung eines Anglizismus zum Ausdruck zu bringen.

11 XI, 208–209.

Sein als jenes, das nur als je verwirklichte Vereinigung seine momenthafte Existenz hat. Der *actus purus* ist der je realisierte Prozeß der Vereinigung.

Historisch, innerweltlich, begegnet uns die Vereinigung als Seins-schaffender Prozeß auf allen Stufen der Evolution. Es dürfte evident sein, daß in Gott der Prozeß der Vereinigung nicht hinter die in der Evolution erreichte Höhe zurückfallen kann: In Gott, in dem die ganze Schöpfung ihr Urbild hat – ohne daß damit die Wirklichkeit Gottes ausgeschöpft wäre – ist die Vereinigung in einer Weise realisiert, die jegliche Form der Vereinigung, wie sie in der innerweltlichen Erfahrung vorkommt, übersteigt. Die höchst mögliche Form von Vereinigung, wie sie immanent vorkommt, kann nur als ein Analogon, aber nicht als eine angemessene Beschreibung dienen. Doch dieses Analogon ist die einzige uns zur Verfügung stehende Weise, überhaupt über die Wirklichkeit Gottes zu sprechen, ohne daß damit diese Wirklichkeit erreicht würde.

Bevor wir uns der Frage zuwenden, welches die höchste uns bekannte Form von Vereinigung ist, sei noch einmal kurz an die Merkmale der Vereinigung erinnert: Sie hebt die Individualität des in die Vereinigung Eingebrachten nicht auf, vielmehr differenziert und überhöht sie dessen Wirklichkeit. Vereinigung verschmilzt nicht. Dies wird am deutlichsten wahrnehmbar im Horizont unserer Erfahrung – eine andere ist uns nicht zugänglich – dort, wo personale Einswerdung stattfindet. Menschen, die sich liebend vereinen, sind zugleich mehr sie selbst. Sie verlieren nicht ihr individuelles Personsein, vielmehr wird dieses in der Liebe, die sie vereint, überhöht. Wenn Martin Buber[12] und Romano Guardini[13] es richtig gesehen haben, dann ist personale Wirklichkeit nur möglich dort, wo eine Du-Begegnung

12 Vgl. Ich und Du, Heidelberg [11]1983.

13 Vgl. Welt und Person. Versuche zur christlichen Lehre vom Menschen, Mainz/Paderborn 1988; weiter wäre hier zu nennen z.B. Emmanuel Mounier.

stattfindet, in der der andere als nicht verfügbare, einzigartige und nicht auslotbare Wirklichkeit in wechselseitiger Beziehung angenommen wird. „Eine Person kann nicht *verschwinden,* indem sie in eine andere Person eingeht: Denn aufgrund ihrer Natur kann sie sich *als Person* nur schenken, sofern sie ihrer selbst bewußte Einheit, d.h. *unterschieden* bleibt. Mehr noch, dieses Geschenk ihrer selbst, das sie macht, [...] hat unmittelbar zur Folge, das zu verstärken, was sie an Unmitteilbarstem hat, d.h. sie zu supra-personalisieren.“[14]

In unserem Erfahrungshorizont ist die personale Vereinigung so die höchste Form, in der uns das je Gewordene und Realisierte begegnet. Es ist also zumindest nicht möglich, Gott die personale Wirklichkeit abzusprechen. Dies wird zumindest in der christlichen Tradition schon immer dadurch bestätigt, daß Gott den Menschen und der Mensch im Gebet Gott als Du anspricht.

Wenn es aber richtig ist, daß die höchste uns bekannte Form des Vereint-Seins personale Wirklichkeit ist, und diese auch die beste uns mögliche Annäherung an die Gotteswirklichkeit ist, dann ist zu postulieren, daß der göttlichen Person ein Gegenüber, ein Du gegeben ist, dem sie sich vereint. Die klassische theistische Vorstellung von dem einen Gott gerät hier in eine Verlegenheit: Damit Gott personal existiert, braucht er ein Gegenüber. Gott muß die Welt schaffen, um ein Gegenüber zu gewinnen, das ihn in seiner Personalität konstituiert. Es ist evident, daß damit die Transzendenz Gottes, seine Unabhängigkeit von der Schöpfung und die Freiheit des Schöpfungshandelns in Frage gestellt wird. In einer Metaphysik der Vereinigung, wenn sie denn die angemessene Beschreibung der Schöpfung ist, wird der streng monotheistische Gott, wie er etwa im Islam oder von den Unitariern verkündet wird, zu einem Schöpfer aus innerer Notwendigkeit und damit zu einem Teil der Schöpfung: Nur in der Erschaffung einer Welt, die zu personaler Antwort

[14] VI, 85.

fähig wird, kann das der eigenen personalen Wirklichkeit notwendige Gegenüber gefunden werden.

Anders der trinitarische Gott Teilhards – und, so darf man sagen, der Christenheit: In der je schon vollendeten und sich immer neu realisierenden Vereinigung der drei göttlichen Personen in der Liebe ist Gott unabhängig von der Schöpfung, er bedarf ihrer nicht. Wenn dies richtig gesehen ist, gewinnt das Wort des Apostels Johannes, daß „Gott die Liebe ist“[15], eine umfassendere und tiefere Bedeutung. Die personale Liebe der drei göttlichen Personen verwirklicht in einem ewigen, immer je schon realisierten und immer neuen Prozeß die Vereinigung dessen, der in jeder der drei Personen ganz als Gott zu den Menschen spricht.

Der trinitarische Gott bleibt für den Menschen letztlich doch zutiefst im Geheimnis verborgen, wenn auch seine Wirklichkeit sich für jene, die die Strukturen der Metaphysik der Vereinigung zu sehen gelernt haben, vielleicht ein wenig zugänglicher geworden ist. Er bleibt in seiner trinitaren Einheit in völliger Unabhängigkeit von dieser Welt, die Welt geht aus Gottes absolut freiem Schöpferwillen hervor, sie ist ein freies Geschenk seiner Gnade, nicht innere Notwendigkeit eines ein Gegenüber suchenden einsamen Gottes.[16] „Wenn Gott nicht ‚dreieinig‘ wäre, könnten wir uns nicht vorstellen, daß er in sich selbst, unabhängig und ohne die Reaktion einer ihn umgebenden Welt Bestand haben könnte; und weiter, wenn er nicht ‚dreieinig‘ wäre, könnten wir uns nicht vorstellen, daß er die Welt schaffen (also sich in sie inkarnieren) könnte, ohne total in die Welt einzutauchen, die er hervorbringt.“[17] Teilhards Vision des sich in der lieben-

15 1 Joh 4,8.

16 A.N. Whiteheads Gott, der auch ein liebender Gott ist, scheint ein solch einsamer Gott zu sein, der die Schöpfung als ein Gegenüber braucht, um lieben zu können. Vgl. A.N. Whitehead, Prozeß und Realität. Entwurf einer Kosmologie, Frankfurt/M. 1987.

17 X, 186.

den Vereinigung der drei göttlichen Personen trinitarisch darstellenden Gottes transzendiert die Welt, die aus seinem freien Schöpfertun heraus sich auf den langen Weg des Werdens begeben hat.

6. SCHÖPFUNG: DAS WERK DES SCHÖPFERS

6.1 Der kosmologische Rahmen des Schöpfungswerkes – Die Frage nach dem Anfang

Als Teilhard während des Ersten Weltkriegs zu schreiben begann, redete noch niemand von einem expandierenden Universum, das mit einem Urknall begonnen hätte. Die Anfänge des Universums waren noch unendlich verschwommen im Vergleich zu unserem heutigen Wissensstand. Praktisch waren die Kant-Laplaceschen Materiewolken, aus denen die Sterne und die (eine bekannte) Milchstraße entstanden waren, eine mehr oder weniger allgemein akzeptierte Vorstellung. Das Friedmann-de-Sittersche Modell des expandierenden Universums stammt aus den ersten Jahren der dritten Dekade dieses Jahrhunderts, doch galt es unter den Astronomen eher als unbegründet. 1929 hatte Edwin Hubble die Rotverschiebung des Lichts von Sternennebeln – wir wissen heute, daß dies eher Milchstraßen sind – gemessen und die damit gemessene Geschwindigkeit in Beziehung zu der Entfernung dieser Nebel von der Erde gesetzt. Diesen Argumenten für ein expandierendes Universum stellten Bondi und Hoyle ihr Modell eines Steady-State-Universums entgegen, in dem sich die Materie ständig erneuert und das als ewig existierend angesehen wurde. Dieses Modell galt bis zur Entdeckung der Hintergrundstrahlung, jenes blassen Nachleuchtens des „Urknalls", durch Arno Penzias und Robert Wilson im Jahre 1965 als die wahrscheinlichere Hypothese.[1]

1 Papst Pius XII. hatte zwar 1952 das expandierende Universum als Beweis für die Schöpfung angeführt. Aber selbst bei der Annahme des expandierenden Universums lassen sich andere Modelle denken, wie sie etwa Stephen Hawkins in *Eine kurze Geschichte der Zeit* anführt, die des Schöpfers nicht bedürfen. Allerdings sind diese Modelle ebensowenig bewiesen oder

Für Teilhard war diese Entdeckung der Expansion sicherlich nicht von entscheidender Bedeutung. Doch wird man sagen dürfen, daß die Vorstellungen vom werdenden Universum, wie Teilhard sie in der ersten Hälfte dieses Jahrhunderts entwickelte, mit dem Standardmodell der Kosmologie nicht in Widerspruch stehen. Ganz sicher wäre es aber ein Mißverständnis, wollte man Teilhard unterstellen, er habe seine Vorstellungen über die Schöpfung in erster Linie am Urknall festgemacht. Der Anfang selbst ist für Teilhard nicht in erster Linie als ein auf der Zeitskala festzumachender Punkt zu begreifen, an dem alles beginnt. Den Anfang beschreibt Teilhard vielmehr als einen Zustand, der an den Antipoden der absoluten Einheit, wie sie in der Trinität verwirklicht ist, anzusetzen ist. „Am Pol des Seins, die selbstsubsistente Einheit; und folglich notwendig, um sie herum an der Peripherie, das Viele: das *reine* Viele (dies muß richtig verstanden werden) oder ‚schaffbare Nichts', das Nichts ist." (XI, 209) Die Sprache Teilhards ist hier offensichtlich an die Grenzen ihrer Möglichkeiten gegangen. Wir haben zwar die Sprechgewohnheit, von der Erschaffung aus dem Nichts, der *creatio ex nihilo* zu reden. Aber ebenso wie der Unbegriff des *Nichts* in der klassischen Ontologie nur zu fassen ist in der Negation des Seins, so wird er in der Metaphysik der Vereinigung in der Negation der Einheit, eben in der Vielheit ausgesagt, die als reine Vielheit keine Wirklichkeit mehr hat. In diesem Kontext weist Teilhard darauf hin, daß diese Vorstellung in der modernen Physik zumindest ein Analogon hat: Die Bewegung bringt das Bewegte hervor. Und die moderne Quantenphysik, die das, was wir Materie

beweiskräftig für die Tatsächlichkeit und die Nicht-Tatsächlichkeit der Schöpfung wie der Hinweis auf das expandierende Universum. Vgl. hierzu auch die sehr klaren Äußerungen in dem Schreiben Johannes Pauls II. an George V. Coyne S.J., in: Karl Schmitz-Moormann (Hrsg.), Schöpfung und Evolution. Neue Ansätze zum Dialog zwischen Naturwissenschaften und Theologie, Düsseldorf 1992, 149–160, hier insbes. 158.

nennen, aus Schwankungen in einem Quantenvakuum entstehen läßt, mag eine noch deutlichere Analogie bieten. Das Vakuum kommt dem, was wir als Nichts bezeichnen, noch am nächsten. Die Möglichkeiten der Schwankungen in diesem Vakuum sind unendlich. Insofern kommt diese Leere dem Nichts, wie Teilhard es als reines Vieles beschreibt, vielleicht nahe. Doch sollten wir uns vor einer Identifizierung hüten: Es ist eine Analogie, die uns vielleicht etwas besser begreifen läßt, was Teilhard gemeint hat. Das schaffbare Nichts ist „eine passive Möglichkeit der Anordnung, ein Flehen um Sein – dem gegenüber (und hier weiß unser Verstand in diesen Tiefen ganz deutlich nicht mehr höchste Notwendigkeit von höchster Freiheit zu unterscheiden) [...] sich alles so vollzieht, als habe Gott nicht widerstehen können"[2].

Eine solche Aussage kann so mißverstanden werden, als sei die Schöpfung aus einer von außen kommenden und inneren Notwendigkeit heraus geschehen: Gott würde damit seine absolute Transzendenz gegenüber der Welt verlieren. Die Freiheit Gottes darf zumindest in der Sicht Teilhards nicht ernsthaft in Frage gestellt werden. Doch vermag unser Verstehen hier nicht mehr zu erkennen. Was Gott in Freiheit will, erscheint uns als Notwendigkeit. Der Hinweis auf die Naturgesetze, die in unserer Wahrnehmung Notwendigkeit bedeuten, mag hier hilfreich sein: Sie haben ihre Notwendigkeit aus der freien Entscheidung des Schöpfers. Daß es diese Notwendigkeit gibt, ist eines der erstaunlichen Dinge dieses Universums, die vom Menschen nur angenommen, aber nicht aus der Sache heraus begründet werden können. Wie Einstein sagte, „liegt eine dem religiösen Gefühl verwandte Überzeugung von der Rationalität oder Einsichtigkeit der Welt aller wissenschaftlichen Arbeit von höherer Ordnung zugrunde"[3]. Dies kann als ein Aufweis für das Werk eines göttlichen Schöpfers gelten, der aber keine schlüssige Be-

2 XI, 209.

3 Albert Einstein, Ideas and opinions, London 1973, 262.

weiskraft haben kann.[4] Gott bleibt gegenüber der Schöpfung frei, er ist nicht mit Notwendigkeit an sein Werk gebunden.

Andererseits ist eine aus absoluter Willkür geschaffene Welt kaum etwas, was Gott wichtig zu sein vermag – eine Annahme, die dem Christen zumindest schon wegen der Menschwerdung des Wortes Gottes zur Erlösung der Welt kaum akzeptabel erscheinen dürfte. Teilhard hat immer wieder gefordert, daß die Schöpfung und insbesondere das Tun des Menschen ein auf Ewigkeit hin gerichtetes Werk sein müsse.[5] Die Freiheit Gottes darf so andererseits die Schöpfung nicht zu einem Werk der Willkür, dem keine Bedeutung zukäme, werden lassen. Teilhard selbst weist auf eine mögliche Lösung dieses Dilemmas hin: wenn man „die Gegenwart der Freiheit am unfehlbaren Zeichen einer ihr verbundenen Liebe erkennt". In dem Augenblick – wir können kaum anders, als in solchen zeitlichen, vermutlich sehr unangemessenen Kategorien sprechen –, da sich die göttliche Liebe gewissermaßen nach außen wendet, schafft sie das schaffbare Nichts, das unendlich Viele, das Nichts ist. Und weil Gott die Liebe ist, die aus souveräner Freiheit sich

4 Die beginnende Neuzeit hatte mit den Mitteln der natürlichen Theologie intensiv versucht, den Schöpfer gegenüber dem aufkommenden rationalistischen Atheismus zu beweisen. Man führte an, was man nicht erklären konnte – wie etwa das spezifische Verhalten von Schlupfwespen, um nur ein Beispiel aus der *Insecto-Theologia* von Friedrich Christian Lesser (1736) zu nennen. Diese Art Gottesbeweise brauchten, wie Theodosius Dobzhansky in seiner *Biology of Ultimate Concern* sagte, Gott als Lückenbüßer. Doch der „God of the gaps" ist tot. Er führt, wie Michael Buckley (in: Robert John Russell, William R. Stoeger, George V. Coyne (Hrsg.), Physics, Philosophy and Theology: a Common Quest for Understanding, Città del Vaticano 1988) gezeigt hat, konsequent in dem Maße zum Atheismus, wie die Lücken gefüllt werden.

5 Im *Journal,* das bisher nur in Teilen veröffentlicht ist, finden sich zahlreiche solche Zitate.

dem „anderen“, dem Nichts zuwendet, erscheint die Schöpfung zugleich notwendig – weil sie aus Liebe heraus erwächst – und absolut frei. Denn Liebe kann sich nur in Freiheit schenken, nicht aber aus einem inneren Determinismus heraus.

Der erschaffende Gott erscheint so im Anfang der Schöpfung als der Schöpfer, von dem wir nur in Paradoxa zu sprechen vermögen in dem Wissen, daß wir die eigentliche Wirklichkeit Gottes nie wirklich zu erreichen vermögen. Die Paradoxalität unserer Rede wird insbesondere dort sichtbar, wo wir vom Nichts reden, als wäre es ein Etwas. So wie wir uns einen absoluten Anfang ohne die Frage nach dem Vorher nicht vorstellen können, so ist uns auch das Nichts nur als eine Abstraktion von aller Wirklichkeit denkbar. Wenn Physiker meinen, das Quantenvakuum sei das Nichts, wie man das gelegentlich lesen kann[6], liegt hier offensichtlich ein Irrtum zugrunde. Das Nichts, von dem der Theologe spricht, ist kein Feld, das Schwankungen unterworfen sein kann, wie sie von einigen Physikern für die Entstehung des Universums postuliert werden.

Begrifflich ist das *nihil creabile* Teilhards als reines Vieles der *materia prima* als reiner Möglichkeit der Scholastik näher: Beide sind Abstrakta, die sich aus der Extrapolation über die Grenze des Erfahrbaren hinaus ergeben und denen keine Wirklichkeit aus sich heraus zukommt. Ihnen kommt außerhalb der erfahrbaren Wirklichkeit nur Möglichkeit zu als von einem absoluten Schöpfer gewollte Möglichkeit. „Das ‚Teilhabende‘ wird von Gott getragen 1.) metaphysisch in seiner Möglichkeit, 2.) physisch in seiner Emersion. Nicht nur ist das Viele [das positive Nichts] physisch nichts, vielmehr wird es metaphysisch erst möglich später als die

6 Z.B. Guth im Scientific American (May 1984, 116–128 [Alan H. Guth, Paul J. Steinhardt, The Inflanationary Universe]), der meint, die Existenz des Universums sei der Instabilität des „Nichts“ zu verdanken.

Konstituierung der göttlichen Einheit."[7] Teilhard spricht hier von einer Schattenwirkung, wobei der wichtige Aspekt ist, daß der Schatten in sich keine Wirklichkeit hat, vielmehr ist er an den Schattenwerfer gebunden.

Die absolute, nicht in die Welt eingebundene Wirklichkeit des Schöpfers steht für Teilhard so nicht in Frage. Gott ist vor aller Zeit. Er ist nicht Teil der Welt, die Welt Teilhards aber ist ganz von Gott abhängig. Allerdings vollzieht sich in der Sicht des Schöpfungswerkes eine wesentliche Veränderung. Der Schöpfungsbericht der Bibel zeigt uns einen Gott, der aus absoluter Allmacht heraus die Welt schafft. „In principio creavit Deus caelum et terram" (Gen 1,2) beginnt der Text der Bibel, und er zeigt, wie eine vollständig eingerichtete Welt von Gott in sechs Tagen geschaffen wurde. Die Beschreibung des eigentlichen Werkes betont nachdrücklich zwei Punkte: zum einen die Gutheit der Schöpfung, die nachdrücklich immer wieder betont wird – „Und Gott sah, daß es gut war" – und am Ende des sechsten Tages noch einmal generell festgestellt wird: „Und Gott sah alles, was er gemacht hatte, und siehe, es war sehr gut." Zum anderen wird die Allmacht Gottes dokumentiert: Gott spricht, und es geschieht. Es ist hier nicht die Absicht, diesen Text in seiner positiven Bedeutung in dem Verstehenshorizont seiner Entstehungszeit zu analysieren.[8] Es dürfte aber einsichtig sein, daß das Werk des Schöpfers hier als anfänglich mit hoher Vollkommenheit verwirklicht dargestellt wird. Erst nachträglich wurde es durch den Menschen oder

7 „Le ‚participé' est soutenu par Dieu 1) métaphysiquement: dans sa possibilité 2) physiquement: dans son émersion. Non seulement le Multiple. (Néant positif) n'est rien physiquement, – mais, métaphysiquement, il ne devient possible que postérieurement à la constitution de l'Unité Divine." Notiz vom 5. Februar 46.

8 Auf diese Fragen ist in der Arbeit Karl Schmitz-Moormann, Die Erbsünde. Überholte Vorstellung – Bleibender Glaube, Olten 1969, bereits eingegangen worden.

andere sekundäre Einflüsse, wie etwa durch gefallene Engel, beeinträchtigt. Ursprünglich gibt es in dem in der Genesis beschriebenen Werk kein Übel.

6.2 Die Schöpfungswirklichkeit

Teilhard hat schon sehr früh gesehen, daß eine solche Schöpfung nicht dem Werk des Schöpfers entspricht, wie es uns in dem Universum begegnet, in dem wir leben. Diese Welt ist, wie Teilhard in Übereinstimmung mit den Wissenschaftlern seiner Zeit und mit dem heutigen Stand unseres Wissens über das Universum gesagt hat, aus ganz einfachen Anfängen hervorgegangen. Man kann angesichts der Entwicklung des Universums auch nicht von einem durchgeplanten, determinierten Prozeß sprechen. Determinismus, wie er etwa als Vorausbestimmtheit gedacht wurde (die Providentia-Diskussionen des sechzehnten Jahrhunderts dachten die Determinismen in diesem Sinne), kommen in der Welt, wie sie von der Naturwissenschaft beschrieben wird, zumindest auf der individuellen Ebene nicht vor. Gewiß hat die Wissenschaft des neunzehnten Jahrhunderts geglaubt, sie könne für alles Geschehen Determinismen angeben, aus denen sich das jeweilige Geschehen strikt ableiten ließe. Doch in der Mehrheit ist man sich heute darüber im Klaren, daß die Naturwissenschaften es mit statistischen Beschreibungen zu tun haben, die bei großen Zahlen den Charakter von Gesetzmäßigkeiten oder von Determinismen annehmen. So notiert Teilhard immer wieder in seinem Tagebuch: „Die Determinismen sind ein Effekt der großen Zahlen." Auf der individuellen Ebene sind präzise Voraussagen nicht möglich. Die evolutive Wirklichkeit erweist sich als eine weithin nichtdeterminierte Schöpfung. Offensichtlich liegt dem Tun Gottes kein fester Plan im Sinne einer Blaupause zugrunde. Die Rede vom Schöpfungsplan wird in der Sicht Teilhards zwar nicht sinnlos, doch geht es eher dabei um eine allgemeine Absicht des Schöpfers, ohne daß ein in die Einzelheiten gehender Plan zugrundeläge.

Die Naturwissenschaften haben uns aufgrund der fossilen Befunde, der Strukturen des genetischen Codes mit der z.B. sich fast in der ganzen lebendigen Welt in großer Ähnlichkeit wiederfindenden Homeo-Box[9], sowie des allgemeinen anatomischen Befundes etwa der Wirbeltiere die Tatsächlichkeit der Evolution aufgezeigt. Allerdings hat die Naturwissenschaft nicht vermocht, die Evolution zu erklären. Die von ihr vorgelegten Modelle des Darwinismus oder des Neo-Darwinismus können kaum Anspruch darauf erheben zu erklären, wieso Leben und die Evolution des Lebens Wirklichkeit sind. So wie sie vorgetragen werden, haben sie praktisch keinen Voraussagewert.[10] Die darwinistischen Evolutionstheorien verdienen nicht den Namen einer Theorie, die ja ein Geschehen einsichtig machen soll. Der Neo-Darwinismus ist eher eine Beschreibung der Evolution: Es gibt Mutationen, d.h. es verändert sich etwas. Dabei wird der Ort der Veränderung in der DNA angesiedelt, wobei die Weiterentwicklung der Theorie sich weithin darauf beschränkt, neue Faktoren für eine Veränderung in der DNA auszumachen: Sie reichen von der spontanen Veränderung infolge fehlerhafter Replikation bei der Zellteilung über die Einwirkungen kosmischer Strahlen, von Radioaktivität, von Chemikalien bis hin zu Viren. Die Organismen, die sich nach einer solchen Mutation als lebensfähig erweisen – die meisten Mutationen sind eher schädlich und lethal –, überleben. Wenn sie in starkem Wettstreit um den Lebensraum stehen, überleben sie nur, wenn sie auch die besser

9 Proteine, die die axiale Verteilung der Spezialisierung der Zellen – die alle auf eine einzige Zelle zurückgehen und alle denselben genetischen Code enthalten – zu steuern scheinen, zumindest für deren Steuerung wesentlich sind.

10 Die Tatsache, daß Organismen an ihre Umwelt angepaßt sein müssen, um zu überleben, ist eine Bedingung des Überlebens, erklärt aber nicht, wieso sich Organismen anpassen können. Der Hinweis auf Mutationen hilft auch nicht weiter, denn sie besagen lediglich, daß sich die Organismen verändern.

ausgestatteten sind.[11] Wenn sie im Wettstreit um die Zeugung stehen, haben in der Regel die kampfestüchtigeren Mutanten eher Chancen, in die nächste Generation einzugehen.[12] All dies ist sicherlich richtig. Nur wird damit die Evolution nicht erklärt, vielmehr werden nur Faktoren angegeben, die eine Rolle spielen. Weder erklärt die Theorie, wieso es Leben überhaupt gibt, noch erklärt sie, wieso sich eine lange Entwicklung von den präzellularen Formen des Lebens bis hin zu den hochorganisierten Lebewesen als Evolution aufzeigen läßt. Die Modelle sind insbesondere unbefriedigend durch den Rekurs auf den Zufall. Zufallsmutationen – verursacht durch Faktoren, die eigentlich dem Leben fremd sind, wie etwa die kosmischen Strahlen – als Erklärung sind das Eingeständnis der Unwissenheit. Die wissenschaftliche Beschreibung des Zufalls geschieht bekanntlich mit Hilfe der Statistik. Die Definition des Zufalls lautet hier: „Die nicht-erklärte Varianz". Zufall ist als etwas Nicht-Erklärtes als Erklärung untauglich. Dabei bleibt offen, ob sich das Nicht-Erklärte als etwas Unerklärliches oder als etwas Noch-nicht-Erklärtes erweist. Auf jeden Fall kann keine wissenschaftliche Theorie als Erklärungsmodell Bestand haben, die sich sehr zentral auf den Zufall beruft. Dies heißt nicht, daß der Zufall in wissenschaftlichen Erklärungen grundsätzlich keinen Platz haben dürfte. Doch macht er dort nur Sinn, wenn innerhalb einer vorgegebenen Grundrichtung eine Streuung erfolgt. Diese die Rede vom Zufall sinnvoll machende Grundrichtung muß allerdings erklärt werden, wenn eine Theorie Bestand haben soll.

Teilhard war sich der Unzulänglichkeit des Neo-Darwinis-

[11] So sind in einem beschränkten Raum die Geparden von Löwen bedroht, die regelmäßig die jungen Geparden totbeißen, wenn sie sie finden.

[12] Doch sollte man auch hier einschränken: Zumindest bei den höheren Säugetieren gibt es das Phänomen des „Schleichers", der sich mit dem Weibchen paart, während zwei stärkere um das Zeugungsrecht kämpfen.

mus[13] deutlich bewußt, und er distanzierte sich von ihm, z.B. in der nicht von Ironie freien Besprechung des Buches seines Freundes G.G. Simpson, *The Meaning of Evolution*[14]. In seinem Tagebuch notiert er immer wieder die Möglichkeit eines den Neo-Darwinismus komplementär ergänzenden Neo-Lamarkismus der Erfindung, der insbesondere auf der Ebene des Menschen eine vorrangige Rolle zu spielen beginnt. Die Evolution selbst als ganzes begreift Teilhard – sich hierin zumindest von den Neo-Darwinisten deutlich unterscheidend – als eine Orthogenese.[15] Diese ist nicht in dem finalistischen Sinne zu begreifen, als gehe die Evolution unausweichlich auf ein ganz bestimmtes Ziel zu, das sie mit Sicherheit erreichen würde. Wohl aber glaubt Teilhard – und dies wohl mit Recht – in der Geschichte der Evolution eine Richtung vom Einfachen zum Komplexen, vom Unbewußten zum Bewußten, vom wenig in sich Zentrierten zum Eu-Zentrierten ausmachen zu können[16], die mit den Atomen beginnt und beim Menschen ihre höchste Stufe – zumindest in unserem Erfahrungshorizont – erreicht hat. „Muß man nicht (um die Bildung irgendeines Phylums zu erklären) die Existenz eines wirkenden Grundfaktors annehmen"[17], der ähnlich wie die Schwerkraft die Grundrichtung jeglichen Wasserlaufs bestimmt?

13 Es mag darauf hingewiesen werden, daß die Evolutionstheoretiker zur Zeit eine Vielzahl von Modellen entwickeln, die aber, soweit ich das zu überschauen vermag, alle den Mangel aufweisen, daß sie nicht zu erklären vermögen, wieso Evolution stattfindet. Man beschränkt sich auf Faktoren, die Evolution als teilweise zumindest notwendige Bedingungen ermöglichen.

14 OS 10, 4287.

15 Une défense de l'orthogénèse à propos des figures de spéciation, (1955), in III, 381–391. „Die Orthogenese (ob man sie unter dem Namen ‚Trend' oder ‚Orthoselektion' verkleidet) funktioniert weiterhin. Sie wird nicht exorzisiert, und sie kann nicht exorzisiert werden."; aaO. 388.

16 Vgl. III, 381–391, VII, 103–134, passim im Gesamtwerk.

17 III, 388.

Teilhard erinnert die materialistischen Theoretiker daran, daß schon Lukretius und Epikur in ihrer Erklärung des Werdens nicht ohne den Rekurs auf eine Abweichung von der Fallrichtung, ohne ein „inclamen" auskamen. „In moderner Gestalt, angesichts des sich evident auf dem Wege der Komplexifikation befindlichen Universums, taucht dasselbe Problem wieder vor uns auf. Bei einem *vollkommen indifferenten* kosmischen Stoff und bei einer noch so großen Zahl angenommener Versuche ist es unvorstellbar, daß das Spiel des Zufalls den geringsten Stammbaum von Anordnung entstehen lassen könnte. Weshalb also sammelt sich dann seit frühester Zeit die Materie und komprimiert sich, weshalb ist sie seit Zig-Millionen Jahren hartnäckig dabei, sich in sich selbst zu ordnen? Mit anderen Worten, wie ist diese *Priorität* zu rechtfertigen, die unnachgiebig dem Unwahrscheinlichen vor dem Wahrscheinlichen, der Ordnung vor der Unordnung, dem Leben vor dem Tod, in einem weiten Ausschnitt der Dinge über lange geologische Perioden hinweg gegeben wird?" [18]

Wenn Teilhard die neo-darwinistische oder Synthetische Theorie der Evolution auch für unzulänglich hielt, so hat es für ihn doch spätestens seit dem Ende seines theologischen Studiums keinen Zweifel mehr am Faktum der Evolution gegeben. Unzulängliche Theorien machen eine Beschreibung des Prozesses nicht falsch.

Es kann hier nicht die Aufgabe sein, auf die Evolution im einzelnen einzugehen. Es mag noch einmal daran erinnert werden, daß weder die Entstehung des Lebens noch die Wirklichkeit des Denkens, die Wirklichkeit der symbolischen Abbildung der Umwelt in einem Organismus bis heute begriffen wird. Sicherlich weiß man, daß es ohne ein voll ausgebildetes Gehirn kein menschliches Denken gibt und daß Leben ohne die Kooperation von Makromolekülen nicht möglich ist, doch sind dies eben äußere, beschreibbare Aspekte. Sie erklären weder das Denken noch das Leben.

[18] VII, 242.

Doch diese – überwindbare oder unüberwindbare – Beschränktheit unseres Wissens hebt die Geschichtlichkeit des Prozesses des Werdens nicht auf, aus dem alles uns bekannte Sein hervorgegangen ist und den wir als universelle Evolution aussagen. Das Universum ist nicht am Anfang ein für alle Mal geschaffen, es stellt sich vielmehr als ein durchgehender Prozeß des Werdens dar.

6.3 Gibt es theologisch relevante Aspekte dieses geschichtlichen Universums?

Diese Frage ist zumindest für Teilhard eindeutig beantwortet: Wenn ich dieses Universum als Gottes Schöpfung glaube, dann ist die Frage nach seiner theologischen Relevanz grundsätzlich immer schon positiv beantwortet. Wer als Theologe glaubt, das konkrete Werk der Schöpfung als theologisch irrelevant aus seinen Überlegungen auslassen zu dürfen, gleicht einem Kunsthistoriker, der die Werke des Künstlers für irrelevant für ein Verstehen des Künstlers hält. Die Frage müßte also auf Teilhard bezogen lauten: Welches sind die von ihm gesehenen theologisch relevanten Aspekte des Universums?

Diese Aspekte wurden in der mittelalterlichen Theologie in erster Linie in der Ordnung des Universums gesehen. Ordnung war der Leitgedanke des Weltverständnisses. Alle Unordnung wurde als sekundäre Folge des Sündenfalls begriffen.[19] Ein solches Verständnis des Universums ist hinfällig geworden. Die tatsächliche Ungeordnetheit des Weltalls, das nur sekundäre, aus dem Chaos hervorgehende Ordnungsstrukturen aufweist, muß unter anderem Blickwinkel als dem der Ordnung als leitenden Motivs gesehen werden, wenn die Analyse nicht von vornherein zu einem Negativbild des Schöpfungswerkes gelangen soll. Dem Sein und Bewahren einer ursprünglich gesetzten Ordnung stellt

[19] Vgl. N. Max Wildiers, Theologie und Weltbild, Einsiedeln 1976.

die evolutive Sicht Teilhards eine Schöpfung entgegen, die aus dem Gewimmel des ursprünglich undifferenzierten und bis zur äußersten Grenze gestaltlosen Vielen aufsteigt: Am Anfang stand für Teilhard ein undifferenziertes, nicht individualisiertes Vieles, das eher einem Nebel denn einer geordneten, Konturen aufweisenden Struktur glich.

Wie schon gesagt, wird die Evolution auf allen Ebenen durch den Grundprozeß der Vereinigung vorangebracht. Dieser Prozeß verläuft undeterminiert, wenn sich auch, wie Teilhard sagt, eine Grundrichtung, eine *„Grundpolarität“*[20] von der Materialität zur Spiritualität hin feststellen läßt. Am Anfang der Evolution steht die diffuse Vielheit von infinitesimalen Elementen. Am Ende steht, soweit unsere Erfahrung reicht, der Mensch mit seiner aus der ihm eigenen reflexiven Innenerfahrung gewußten Geistigkeit. Dieser Gesamtprozeß läßt sich unter verschiedenen Aspekten erfassen, die ihrerseits auf ihre theologische Ausdeutbarkeit hin zu hinterfragen sind.

Dem Wissenschaftler unmittelbar zugänglich ist die Zunahme an Komplexität im Laufe der Evolution. Sie ist gewissermaßen ein greifbarer Parameter der Fortschritte der Evolution. Je höher der Grad an Komplexität, um so höher der Stand der Entwicklung. Sie läßt sich grob gesprochen an der Quantität der in den Komplex eingebrachten Elemente messen. Jedes neu in eine Ganzheit eingebrachte Element erhöht die Komplexität, so wie ein Molekül durch Hinzufügung neuer Atome oder Atomgruppen komplexer wird. Teilhard konnte so vom allgemeinen Prozeß der Molekulisation sprechen, in dem der Mensch als ein Quasi-Riesenmolekül[21] eine neue Stufe auf der Leiter der Evolution dar-

20 VII, 242.

21 Anfang der zwanziger Jahre verwendete Teilhard zur Beschreibung dieses Aspektes der Wirklichkeit den Begriff der „Monade“ mit Fenstern, den er wohl wegen der „philosophischen“ Anrüchigkeit unter Naturwissenschaftlern später nur selten verwendet. Teilhard hatte den Begriff der Monade – wie wir aufgrund seiner Tagebuchnotizen aus dem Weltkrieg wissen –

stellt. Dieser phänomenologisch in der Geschichte der Evolution aufzeigbare Prozeß gilt selbstverständlich nur analog: Die Elemente, die in einen Prozeß der Vereinigung eingehen, sind immer schon das Ergebnis eines vorausgehenden Prozesses der Vereinigung. Ohne die Bildung der komplexen Atome vom Wasserstoff bis zum Uran – um bei der natürlichen, nicht vom Menschen produzierten Reihe der Elemente zu bleiben – würde es weder einfache noch Makromoleküle geben. Ohne das Zusammenwirken von Makromolekülen würde es keine Archaea und keine Praekaryoten geben. In diesen z.B. bakteriellen Formen des Lebens reichen die Gesetze der Molekülbildung offensichtlich nicht mehr aus, um ihr Entstehen und ihre Existenz zu beschreiben. Noch weniger ist es möglich, die komplexen Eukaryoten, bei deren Entstehung bereits existierende Lebensformen sich zu einer neuen Einheit verbunden haben, einfach als Molekülgebilde aufzufassen. Sicherlich gehören die Moleküle zur lebenden Zelle, doch die Interaktion der Moleküle, ihr Abbau und ihr Aufbau werden ganzheitlich gesteuert. Manches an dieser Interaktion ist der Analyse zugänglich, doch kommt etwas Neues hinzu, die Zelle läßt sich nicht aus ihren Elementen erklären. Die alte Feststellung, daß das Ganze mehr ist als die Summe der Teile, leuchtet hier in klarer Evidenz auf. Auf der anderen Seite – und auch dies gilt auf jeder Stufe der evolutiven Entwicklung – ist festzustellen, daß ohne das Vorhandensein der für die Entstehung der Zelle (wir könnten hier genauso gut „eines Moleküls", eines „Metazoons", etwa eines Säugetieres sagen) notwendigen Elemente keine Zelle entstehen würde. Die vorausgegangene Geschichte des evolutiven Werdens hat die Voraussetzungen für die Entstehung der komplexeren Elemente geschaffen. Die Voraussetzungen sind Bedingungen, die erfüllt sein müssen, damit etwas entstehen kann. Sie sind aber nicht die

von Leibniz übernommen. Für Teilhard gilt folgende Definition: „Jede Einheit der Welt, vorausgesetzt sie ist eine natürliche Einheit, ist eine Monade." IX, 75.

determinierenden Ursachen für die Entstehung von Molekülen, von Zellen, von höheren Lebewesen. Letztere lassen sich aus dem Vorausgegangenen nicht ableiten. Der evolutive Schritt auf eine höhere Ebene läßt sich nicht voraussagen, wohl aber kann man, insbesondere in der Retrospektive, feststellen, welche Bedingungen erfüllt sein mußten, damit dieser Schritt getan werden konnte.

Dementsprechend stellt sich die Entwicklungsgeschichte der Komplexität in diesem Universum nicht als eine geradlinig verlaufende, der Leitlinie einer sparsamen Verwendung der vorhandenen Mittel folgende Verwirklichung eines Entwicklungsplanes dar, vielmehr läßt sich die Evolution am besten fassen unter dem Gedanken eines Möglichkeiten aufgreifenden – und eben damit neue Möglichkeiten schaffenden – tastenden Vorangehens. Nicht Determinismus ist das Grundmerkmal der Evolution, sondern eine offene Entwicklung, für die je die Voraussetzungen erfüllt sein müssen, damit etwas werden kann. Doch in welche Richtung diese Entwicklung im Einzelfalle geht, ist nicht festgelegt. Statt von einer determinierten Evolution muß man im Sinne Teilhards deshalb eher von einer konditionierten, statt von Determinismus von Konditionalismus sprechen. Dieser Gedanke wird bei Teilhard immer wieder durch den Begriff des „Sich-Voran-Tastens“[22] zum Ausdruck gebracht. „Der Neo-Weltstoff ist nicht mehr mechanisch determiniert, sondern indeterminiert. Es gibt also keinen umfassenden Determinismus mehr, sondern ein Sich-Vorantasten, das Spiel des gerichteten Zufalls.“

Dementsprechend stellen sich die Phyla als „ein Bündel mehr oder weniger kurzer und abgebrochener Fasern dar“[23], bei denen nur aus der notwendigen Distanz die durchgehende phyletische Struktur sichtbar wird. Das in dieser Zerfaserung zum Ausdruck kommende Moment der Indeterminiertheit ist nicht auf allen Stufen der Evolution in gleichem

[22] Le Tatonnement.

[23] III, 388.

Maße deutlich. Dies hat seinen Grund vor allem im Bedingungshorizont, innerhalb dessen sich die evolutive Entwicklung vollzieht. So sind die Möglichkeiten der Bildung von Atomen unter den Bedingungen des Urknalls, in den ersten drei Minuten, die Stephen Weinberg beschreibt, äußerst begrenzt. Die Quarksuppe des Anfangs hat für die Gesamtheit des Masse aufweisenden Stoffes differenzierter Atome, aus dem die Galaxien und Sonnen und letztlich nach einem oder mehreren Durchgängen insbesondere durch die explosiven Phasen blauer Riesensterne die Planeten geworden sind, in nennenswerten Mengen nur zwei Elemente hinterlassen: Wasserstoffkerne (Protonen) und Heliumkerne (Alphateilchen). Die Überlebensbedingungen ebenso wie die Voraussetzungen für die Entstehung von Elementen mit mehr als zwei Protonen und zwei Neutronen waren offensichtlich nur ganz am äußersten Rande des Bedingungsfeldes gegeben. So war etwa Litium nach den ersten drei Minuten nur spurenweise vorhanden. Danach brauchte es bekanntlich etwa eine Milliarde Jahre oder noch länger bis zur Entstehung der ersten Sterne, in deren Endphasen insbesondere die Voraussetzungen für die Bildung von komplexeren Atomstrukturen gegeben waren.

Innerhalb eines solchen engen Bedingungshorizontes beim Vorhandensein einer quasi-unendlichen Zahl individueller, einander weithin gleicher Elemente kann leicht der Eindruck eines strengen Determinismus entstehen. Teilhard hat immer wieder darauf hingewiesen, daß dies ein Effekt der großen Zahlen ist, die die individuelle Indeterminiertheit verdecken. Auf der individuellen Ebene läßt sich auch in diesem Bereich kein Determinismus aufzeigen. Niemand vermag vorauszusagen, welche Protonen und Neutronen sich zu einem bestimmten komplexeren Atom vereinen.

Je höher die Ebene des Vereinigungsprozesses und je weiter sich die Möglichkeiten ausweiten, um so deutlicher zeigt sich die grundlegende Indeterminiertheit des Prozesses der Evolution. Die Möglichkeiten etwa der Bildung von Proteinen aus den im irdischen Bereich geläufigen Aminosäuren – aus dem Weltall sind noch weitere bekannt – kann aus Mangel am dazu notwendigen Stoff überhaupt nicht ausgeschöpft werden. Der Möglichkeitshorizont hat sich hier bereits soweit ausgeweitet, daß Steuerungselemente – etwa in Gestalt der RNA – notwendig sind, um bestimmte Proteine innerhalb der Organismen herzustellen, die für den Bestand der lebendigen Struktur wichtig sind. Der an den Ribosomen ablaufende Prozeß der Proteinbildung stellt sich weit eher als ein zentral gesteuerter Fließbandprozeß denn als ein zufällig ablaufender Prozeß dar. An diesem Punkt wird deutlich, daß Ordnungselemente auftreten, wenn verwirklichte Komplexe über längere Zeit Bestand haben sollen. Dies gilt bereits auf der Ebene der Protonen, deren Zerfall zumindest in der Theorie vorausgesagt wird. Es ist evident im Bereich des Lebens, in dem schon geringfügige Unordnungen – etwa eine nicht richtig eingeordnete Methylgruppe bei einem Enzym – den ganzen Organismus in seinem Bestand gefährden können.

Das Leben entsteht so aus einem nicht-determinierten, wohl aber Voraussetzungen habenden und entwickelnden Prozeß, der ganzheitlich gesteuerte Ordnungsstrukturen entstehen läßt, die ihrerseits wieder zu Elementen einer je höheren Ordnung werden können. Die Ordnungsstrukturen ihrerseits werden von einer Generation zur nächsten weitergegeben über den genetischen Code. Der Inhalt der in den Genen enthaltenen Informationen ist an den Triplets nicht unmittelbar ablesbar. Gewiß kennen wir die Aminosäuren, die den 64 möglichen Triplets zugeordnet sind. Wenig bewußt geworden ist bis heute, daß dies ein erstes Phänomen der Symbolisierung ist: Die DNA vermittelt Eigenschaften, die sie nur als Information enthält, die ihrerseits nur wirksam wird in einer Umgebung, die diese Information zu verarbeiten vermag. Zwischen den die Information[24] enthaltenden Triplets und dem ausgebildeten Organismus besteht keine

24 von der auch die Wissenschaft recht unbefangen spricht.

Identität, so wenig, wie zwischen dem Druckbild einer Buchseite und dem Inhalt, der nur dem Leser, nicht aber der materiellen Analyse zugänglich ist. Mit der Einführung des Begriffs der Information ist einem materialistischen Verständnis der Wirklichkeit des Universums – für viele Wissenschaftler noch unbewußt – eine Absage erteilt worden. Information transzendiert als Information immer schon die Materialität ihres Trägers. Bereits mit der DNA wird die Bedeutung der Information als Materialität transzendierende Wirklichkeit unübersehbar.

In der Folge erweist sich die Evolution als Vermehrung und Steigerung der Information, wobei sie sich in wachsendem Maße von der genetischen Struktur löst. Bereits in der Tierwelt wird Wissen von einer Generation zur nächsten – im wesentlichen durch Imitationsverhalten – weitergegeben.[25] Bei den Primaten ist es wesentlich, daß der Umgang mit den Neugeborenen in der Gruppe erlernt wird. Was eßbar ist und was nicht, ist dem Schimpansen nicht als angeborenes Wissen bekannt. Beim Menschen schließlich hat sich die Weiterentwicklung der Information von der Bindung an die Gene endgültig gelöst. Der Träger, mittels dessen eine Information weitergegeben wird, ist irrelevant für den Inhalt. Worte können gesprochen oder geschrieben werden, die Sprachlaute verschiedenster Art können dieselben Inhalte vermitteln. Dieser evolutive Schritt von der genetischen Information zur im Bewußtsein und extrasomatisch gespeicherten Information kennzeichnet in ihrer vollen Ausbildung die Stufe des Menschen, der, wie Teilhard mit Recht sagt, eine ebenso radikale Neuerung in der Evolution bedeutet wie das erste Auftreten des Lebens. Die Biosphäre ist gekenn-

[25] Ein Beispiel sind Meisen, die in Englands Midlands anfingen, die Milchflaschendeckel aus dünnem Aluminium aufzupicken. Das Wissen um diese Nahrungsquelle verbreitete sich in wenigen Jahren bis nach Holland. In Deutschland fehlten die Voraussetzungen: Es wird morgens keine Milch mehr vor den Häusern angeliefert.

zeichnet durch vorrangig[26] in der DNA gespeicherte Information, die den Aktionsradius der einzelnen Lebewesen weitgehend festlegt. Der Aktionsradius des Menschen ist durch das von den Genen nicht festgelegte, außersomatisch tradierte und weiterentwickelte Wissen bestimmt, das in wenigen Jahrtausenden das Antlitz der Erde stärker verändert hat als Millionen Jahre biologischer Evolution vorher. Die Evolution ist im Menschen endgültig von dem Status einer biologischen zum Status einer geistigen Evolution übergegangen. Wie Teilhard immer wieder nachdrücklich betont hat, ist mit dem Menschen die Evolution von der Bildung der Biosphäre zur Bildung der Noosphäre übergegangen. Die Möglichkeit zu diesem Schritt wurde sicher durch den langen Prozeß vorrangig biologischer Evolution geschaffen. Das Auftreten des reflexiven menschlichen Bewußtseins, das „nicht nur weiß, sondern weiß, daß es weiß“[27], bringt eine entscheidende Neuerung: Der Mensch hat sein Wissen verfügbar und gibt es weiter, ohne mit den konkreten Inhalten des Wissens konfrontiert zu sein, wie es beim imitativen Lernen der Fall ist. Wenn dies anders wäre, könnte es keine Schulen geben. Hinzugewonnene Information wird auf der Ebene des Menschen nicht mehr genetisch an die nächste Generation weitergegeben, sondern durch die Erziehung. „Die Erziehung ist einer der Faktoren, oder besser eine der Formen dessen, was wir unter dem sehr allgemeinen und etwas verschwommenen Namen Evolution sehen und bezeichnen.“[28] Was durch Schulen, Universitäten und Medien aller Art von einer Generation zur nächsten weitergegeben wird, bestimmt den Horizont des Handlungsspielraums des Menschen, der durch das Wissen weit mehr als durch die DNA[29] bestimmt wird.

26 vorrangig, aber nicht alleingültig: Bereits Pantoffeltierchen sind lernfähig.

27 Vgl. I, 180–182.

28 V, 46.

29 Es soll hier nicht auf die Frage der eventuell durch die Gene

Der sich der Analyse materialistischer Wissenschaft entziehende menschliche Geist – im besten Falle lassen sich Gehirnströme messen, die aber keinen Aufschluß über Inhalte des Denkens geben – hat sich in seinen Auswirkungen auf die Wirklichkeit seiner Umwelt tiefgreifender ausgewirkt. Fast alle menschliche Nahrung aus dem Pflanzenreich ist das Produkt des menschlichen Wissens und könnte ohne den Menschen nicht überleben. Für eine Vielzahl von Tieren gilt dasselbe. Die Welt des Menschen ist vom Geist gestaltet: nicht nur in den Werken der Kunst, der Sprache, der Architektur und der Technik, sondern darüber hinaus Wald und Feld und Wiese. Sogenannte „Urlandschaften" sind rar geworden. Man mag das aus einer romantischen Sehnsucht nach einer heilen Natur – die es nur in den Vorstellungen des Alten Testaments (oder anderer Religionen) vom Paradies gegeben hat – bedauern, doch wenn der Mensch existieren soll, dann muß er mit der Welt leben, die er selbst gestaltet.

Teilhard hat nie einen Zweifel daran gelassen, daß die Weltgestaltung ebenso wie die Gestaltung der Gesellschaft dem Menschen zur Aufgabe geworden und in seine Verantwortung gelegt ist. Diese Verantwortlichkeit ist nicht im Sinne des Genesisberichtes zu verstehen: „Macht euch die Erde untertan. Herrscht über die Fische des Meeres und über die Vögel des Himmels und über alles Getier, das sich auf Erden regt!" (1,28). Hier wird der Mensch als ein autoritativ eingesetzter Herrscher gesehen, dem die Welt unterworfen ist. In der evolutiven Perspektive ist der Mensch in dieser Welt geworden, die in ihm gesammelte Information hat ihre Anfänge genommen mit den ersten Strukturen, die in dieser Welt auftauchten. Die Wurzeln des Menschseins reichen

vermittelten Fähigkeiten der Intelligenz eingegangen werden: Sie sind auf jeden Fall ohne das durch die geistige Entwicklung der Menschheit bereitgestellte Wissen recht hilflos. Man braucht nicht jedes Mal das Rad neu zu erfinden.

zurück bis in die Anfänge des Universums. Das Leben des Menschen, seine Lebendigkeit, hat ihren Anfang genommen auf der frühen Erde vor mehr als drei Milliarden Jahren. Der Faden des Lebens, der im Menschen weitergesponnen wird, ist nie abgerissen: Es ist das weiterentwickelte, neue Horizonte hinzu gewonnen habende Leben, das in die geistige Dimension sich öffnende Leben, das vor etwa drei Milliarden mit einfachsten Formen begann. In einem sehr präzisen Sinne ist so das Leben in jedem Menschen Milliarden von Jahren alt. Dieses in der Geschichte des Universums verwurzelte Leben kommt im Menschen zum Bewußtsein. Im Menschen beginnt das Universum zu denken. Für eine materialistisch denkende Wissenschaft ist der Geist nur ein Epiphänomen. Für Teilhard steht fest[30], daß „das Leben kein Epiphänomen im Kosmos" ist, ihm kommt im Universum eine der Schwerkraft vergleichbare Bedeutung zu. Ebensowenig ist „das Denken ein Epiphänomen des Lebens". Und die Evolution ihrerseits kommt beim Menschen nicht zum Stehen. Der Mensch selbst wird zum Element einer höheren Einheit, „die Sozialisation ist kein Epiphänomen im Menschsein".

Dem Menschen kommt einerseits eine Sonderstellung im Universum zu, zumindest insofern er in unserem Erfahrungshorizont das einzige Wesen ist, in dem das Universum zur Reflexion seiner selbst gelangt. Teilhards Grundhypothese, daß wir die Welt nicht aus den Anfängen, sondern im Ausgang von und im Verstehen des zuletzt Gewordenen, d.h. im Horizont unserer Erfahrung im Ausgang vom Menschen begreifen müssen, läßt so ein Universum sichtbar werden, das grundlegend auf dem Wege zum Geist ist.

In der Retrospektive postuliert Teilhard, daß der Weltstoff, der uns im Menschen in seiner Innenwirklichkeit bekannt wird, immer schon ein von Innen her organisierter, strukturierter und Bestand habender Weltstoff ist.[31] Jeder von

[30] Notizen vom 1. 10. 1947.

[31] Teilhard vermeidet in diesem Kontext häufig den Terminus

außen zugänglichen Wirklichkeit entspricht eine innere Wirklichkeit, die in ihrer Erfahrbarkeit sich um so mehr verliert, als wir uns von der menschlichen Wirklichkeit in die Vergangenheit entfernen.

Teilhard hat beiden Bereichen eine Energie zugeordnet: Die tangentielle Energie entspricht dem, was uns aus den Naturwissenschaften als Energie bekannt ist. Sie wirkt unmittelbar nach außen und äußerlich ein und ist damit der Messung zugänglich. Die radiale Energie, wie Teilhard sie nennt[32], ist uns unmittelbar erfahrbar in unserer eigenen Innenerfahrung. Sie ist das, was alles je auf seiner Ebene und in seiner Individualität „im Innersten zusammenhält". In allem, was uns als Ganzheit begegnet und insbesondere das, in dem wir uns als Einheit erfahren, erfahren wir diese „radiale" Energie: im Wollen, im Denken, im Handeln. Sie ist die zentralisierende Kraft, für die sich wohl Parameter phänomenologisch angeben lassen, die sich aber der strikten Wägbarkeit entziehen. Im Gegensatz zu der tangentiellen Energie, deren Quantität im Universum konstant ist[33], ist die radiale Energie eine evolutiv zunehmende Energie. „Mit anderen Worten, es gibt nicht nur eine einzige Art von Energie in der Welt, sondern zwei verschiedene Energien (die eine achsial, wachsend und irreversibel, die andere peripher oder tangential, konstant und reversibel); diese beiden Energien sind in der ‚Anordnung' aneinander gebunden, doch können sie nicht zusammengesetzt noch direkt ineinander umgewandelt werden, weil sie auf verschiedenen Ebenen wirksam sind."[34]

In dem Maße, wie die Zentreität zunimmt, erweist sich die

„Materie", ohne hier immer ganz konsequent zu sein. Vgl. „La puissance spirituelle de la Matière", ETG, 432–446.

32 Diese Bezeichnung ist häufig kritisiert worden, doch ist die damit gemeinte Wirklichkeit bisher nicht genauer gefaßt worden.

33 Die Summe aller Photonen und aller Partikel: Die Gesamtenergiemenge, die die Physik mißt, ist unveränderlich.

34 VII, 416.

radiale Energie als entscheidend. Nach außen hin wirkt sie als Ordnung schaffende Kraft, die den Dingen, den Lebewesen ihre Struktur gibt. Dies ist wiederum insbesondere deutlich auf der menschlichen Ebene; das gesamte menschliche Umfeld wird durch das, was Teilhard das Innen und die ihm zugeordnete radiale Energie nennt, strukturiert: Der Geist des Menschen gestaltet seine Umwelt, unter Nutzung, aber nicht aufgrund der Naturgesetze von Physikern und Biologen.

Was beim Menschen kaum zu übersehen ist, zeigt sich zumindest teilweise auch bei Tieren, die ihre Umwelt zumindest stellenweise gestalten. Die dem Subjektivismus Descartes' zugeschriebene Vorstellung von den Lebewesen als Maschinen, die durch einen mechanistisch vorgestellten Instinkt gesteuert werden, darf durch die moderne Ethologie als überholt gelten. Vielmehr gilt, daß zumindest die Tiere sich um so mehr selbst steuern, als sie ein höher ausgebildetes Gehirn und damit einhergehend eine bessere Integration der Umwelt in ihr Bewußtsein – das kein Selbstbewußtsein mit einem jederzeit verfügbaren Wissen sein muß – erreichen. Tiere können auf eine sich ändernde Umwelt zumindest in erheblichem Maße positiv reagieren und sich aufgrund ihrer Möglichkeiten, nicht nur aufgrund eventuell möglicher genetischer Veränderungen, anpassen.

Die Wirkkraft des Innen ist für Teilhard ebenso in der Geschichte der Evolution zurückverfolgbar wie die Komplexität, das Bewußtsein, der Handlungsspielraum, die Zentreität. Die für das scholastische Denken naheliegende Vorstellung, diesem Prozeß müsse ein genauer Schöpfungsplan zugrunde liegen, gewissermaßen eine Blaupause, die das Geschehen in den Einzelheiten festlegte, ist mit dem tatsächlichen Verlauf nicht vereinbar. Auf jeder Stufe der Entwicklung sehen wir ein recht wildes Wuchern verschiedenster Formen, die zumindest keinen sparsamen Umgang mit den vorhandenen Energien erkennen ließen. Bekanntlich sind die im Laufe der Evolution entstandenen und ausgestorbenen Arten tausendfach zahlreicher als die heute lebenden

Arten.[35] Teilhard hat den nach einer Blaupause vorgehenden Schöpfergott im familiären Umgang gelegentlich als den einer vergangenen Zeit zuzurechnenden Handwerkergott[36] bezeichnet.

Die Evolution stellt sich „nicht mehr ihrer Tendenz und ihrer Definition nach als materialistisch dar“[37]. Die Schöpfung erscheint in dem Maße, wie sie in der Evolution voranschreitet, als die „freie“, d.h. nicht determinierte Nutzung von Möglichkeiten. Determinismen erscheinen lediglich „als Effekt der großen Zahlen“[38], ebenso wie die „Unfehlbarkeit“ der Evolution der andere extreme Effekt der großen Zahlen ist: Je größer die Zahl der ins Spiel kommenden „Freiheiten“ ist, um so wahrscheinlicher ist das Auftreten nicht eines bestimmten, sondern von allen möglichen Ergebnissen: „Determinismen und ‚Infaillismen‘ sind die beiden Pole des Freien unter der Einwirkung großer Zahlen.“[39] Mit anderen Worten, das Freie geht dem Determinismus voraus, der nur als Effekt großer Zahlen vorkommt. In dem Maße, wie die Evolution aus dem Bereich der großen Zahlen heraustritt, „emergiert das

[35] Der Mensch hat am Aussterben der Arten im Laufe der Evolution insgesamt einen geringen Anteil, obwohl er – gemessen an der relativ kurzen Zeitspanne seit seinem Auftreten – zur massiven Bedrohung anderer Lebensformen geworden ist.

[36] Daß diese Vorstellung der scholastischen Theologie nicht ganz abwegig erscheint, läßt sich bei Thomas von Aquin nachlesen: „Es gilt aber selbst unter Ungebildeten für lächerlich anzunehmen, daß Werkzeuge in Bewegung sind, aber nicht durch irgendein hauptsächlich Tätiges; denn dies ist ähnlich, wie wenn jemand bei der Herstellung einer Lade oder eines Bettes eine Säge oder Axt annähme, die ohne den Zimmermann tätig wäre. Also muß es ein erstes Bewegendes geben, das unter allen das höchste ist; und dies nennen wir Gott.“ (Comp. Th. 2, 3).

[37] X, 183.

[38] Notiz vom 11. 9. 1946.

[39] Ebd.

Universum als erstes mit seiner organisierten spirituellen Spitze schrittweise aus den Determinismen ins Freie".

Die Evolution, das heißt die Schöpfung, stellt sich so als in Freiheit einmündende Geschichte dar, die von Anfang an infinitesimal in allem Weltstoff vorgegeben ist. Die Schöpfung erscheint so nicht als aus einer die Machtfülle, die Allmacht Gottes in den Vordergrund stellenden Befehlsstruktur geworden. Die Evolution gehorcht offensichtlich nicht vorgegebenen strikten Anweisungen. Vielmehr ist sie so angelegt, daß in ihr Freiheit wird.

Im Menschen tritt die Evolution, tritt die Schöpfung definitiv – wenn auch vielleicht nicht einmalig, wenn es verschiedene Planeten in den Milliarden von Milchstraßen gibt, auf denen die Evolution einen parallelen Verlauf genommen hat[40] – in den Bereich reflexiver Freiheit ein, wird die Evolution selbst frei, sofern sie sich selbst in die Zukunft entwirft. Mit anderen Worten, zumindest in Teilbereichen und insbesondere in ihren evolviertesten Bereichen nimmt die Schöpfung sich selbst in die Hand.

Es ist evident, daß dort, wo Freiheit ist, Verweigerung dem Schöpfer gegenüber möglich ist. Schon Thomas von Aquin wußte, daß die Welt ohne Übel nicht so vollkommen wäre, wie sie ist. In der evolutiven Welt heißt das: Wo kein Übel vorkommt, kann auch keine Freiheit werden. In einer Welt des Werdens, die sich vorantastet – eine der Voraussetzungen dafür, daß reflexive, bewußte Freiheit werden kann[41] –,

[40] Teilhard hat diese Problematik schon deutlich gesehen: „Eine Weiterführung der Problematik der menschlichen Ursprünge: Die Vielheit der bewohnten Welten", X, 273–282. „Das Auftreten des Menschen auf der Erde im Pliozän ist lediglich die normale und *lokale* Bekundung [...] einer allgemeinen Eigenschaft jeglicher ‚bis zu Ende evolvierter' Materie." Teilhard sagt nicht, es gibt Leben auf anderen Planeten, doch ist dies für ihn nicht auszuschließen.

[41] Die Überlegung, daß der Mensch in einem besonderen Schritt des Schöpfers im Gegensatz zur sogenannten „Natur" mit seiner

ist das Übel unvermeidlich. Eine vollkommene werdende Welt wäre nur als streng determinierte denkbar. In dieser Welt könnte keine Freiheit werden[42], vielmehr erschiene das Universum als ein riesiges mechanisches Spielzeug, bei dem sich alles so verhält, wie es vorausbestimmt ist. Offensichtlich ist es dem Schöpfer – aufgrund seiner Allmacht wäre das eine ihm offen stehende Möglichkeit gewesen, die aber kaum mit seinem uns offenbarten Wesen vereinbar wäre – nicht um eine solche perfekte Weltmaschine gegangen.[43] Er hat vielmehr von Anfang an in Kauf genommen, daß das Universum riesige Mengen von Abfall produzierte: von der Hintergrundstrahlung, die das Milliardenfache dessen ausmacht, was wir normalerweise als Materie (mit Masse) bezeichnen, über die zahllosen toten Sterne, die als weiße Zwerge, Neutronensterne oder Schwarze Löcher die Zeiten überdauern, bis hin zu den ausgestorbenen Arten auf dieser Erde. Der Mangel an Ordnung, das dauernde Vorhandensein von Übel, von Unvollkommenheit ist in dieser Welt unübersehbar. Die Unvollkommenheit ist schon in der Werdestruktur selbst involviert: Was auf dem Wege zu einem Ziel ist, kann noch nicht vollkommen sein. Darüber hinaus aber ist das Übel der Preis für die Möglichkeit des Werdens von Freiheit. Der Kosmos ist in der Sicht Teilhards „die Maschine zur Schaffung von Bewußtsein‘ um den Preis des

geistigen Dimension ausgestattet wurde, daß sie also nicht aus dem Werdeprozeß hervorgegangen sei, gehört in die statische Weltsicht der Scholastik, die mit der konkreten Werdewelt des Schöpfers nicht kompatibel ist.

42 Es ist nicht von ungefähr, daß die Vertreter einer materialistischen Wissenschaft nach wie vor versuchen, die Freiheit des Menschen zu leugnen. Weder die Soziologie noch die Psychologie sind frei von dieser Tendenz, menschliche Freiheit als unwirklich aus dieser Welt zu verbannen.

43 Newton mit seiner genialen Himmelsmechanik scheint dieser Ansicht gewesen zu sein, um nur einen Vertreter dieser Auffassung zu nennen.

Übels"[44]. Wie er immer wieder feststellt, ist ohne das Übel keine Evolution denkbar. Das Neue, das in der Evolution auftritt, verdrängt regelmäßig etwas Altes, ohne die Folge der Generationen und folglich ohne Tod ist Evolution und damit das Werden von Freiheit und Bewußtsein, ist die Geistwerdung des Universums ausgeschlossen. Gott konnte keine Welt werdender Freiheit und Geistigkeit schaffen, in der das Übel nicht vorkommt: Das wäre eine Contradictio in adiecto. Sie ist Gott ebensowenig möglich wie die Quadratur des Kreises (zumindest nicht in einer Euklidischen Geometrie). Schon 1921 hatte Teilhard notiert: „Ohne das Übel wären wir Sklaven."[45]

Die Frage der Theodizee, die unter dem Einfluß des „intellektuellen ‚Opiums' einer schlecht begriffenen göttlichen Allmacht"[46] als unlösbar erscheint, erweist sich in der evolutiven Welt als zumindest in einer verständlichen Weise beantwortbar. Das Übel ist der Preis, der für die Freiheit zu zahlen ist. Gott hätte perfekte Automaten erschaffen können, doch ging es ihm offensichtlich nicht um eine solche Perfektion. Vielmehr ist das Ziel der Schöpfung, „das Ziel der Welt die Entwicklung des Geistes; und die erste Bedingung der Entwicklung des Geistes ist die Freiheit."[47]

Teilhard hat, so weit das zu überschauen ist, nie versucht, die Schöpfung mit Hilfe der durch die Wissenschaft gefundenen Erkenntnisse zu beweisen. Ein solcher Beweis ist weder negativ noch positiv zu führen. Sicher läßt sich die Kontingenz des Universums aufzeigen, doch ist das im besten Falle ein Hinweis darauf, daß die Rede von der Schöpfung nicht sinnlos ist. Doch läßt sich die Schöpfungstatsache nicht

44 Notiz vom 22. Oktober 1949.

45 Notiz vom 21. Februar.

46 L'„*opium*" intellectuel de l'omnipotence divine *mal* comprise. – Notiz vom 27. 11. 47.

47 „Le but du Monde est le développement de l'Esprit; et la première condition de développement de l'esprit, c'est la *Liberté*." Notiz vom 13. 4. 50.

zwingend beweisen. Schon Thomas von Aquin wußte, daß sich nicht beweisen läßt, daß die Welt begonnen hat. Er warnt sogar ausdrücklich davor, den Anfang als Beweismittel einzuführen, weil dies dazu führen könnte, den Glauben lächerlich zu machen.[48] Es könnte der Eindruck entstehen, der Schöpfungsglaube stütze sich auf solche Argumente des Wissens und sei nicht Sache des Glaubens.

[48] Vgl. S.Th. I, q 46 a 2.

7. TEILHARDS SCHÖPFUNGS-DIALEKTIK

Nach seiner Rückkehr nach Europa im Jahre 1946 sah sich Teilhard in der Diskussion mit Theologen in seinem Umfeld und unter den Lesern seiner vervielfältigten Texte dem Verdacht des Pantheismus oder des Naturalismus ausgesetzt. Aus diesem Grunde schrieb er einen kurzen, für das Verständnis seiner Denkschritte in seiner Bedeutung kaum zu überschätzenden Text. Er setzt sich ab von jenen, die glauben, nur durch wiederholtes Sich-Weitertasten käme das menschliche Denken voran. In seiner Erfahrung geht „das Denken darüber hinaus in einer Abfolge von ‚Hin und Her' zwischen dem Bekannteren und dem weniger Bekannten vor: Jeder nach oben verwirklichte Fortschritt in der Durchdringung des weniger Bekannten erlaubt ihm, (im Wiederabstieg) das Bekanntere besser wahrzunehmen, um dann wieder zu einer weiter vorangetriebenen Einsicht in das weniger Bekannte emporzuschnellen."[1]

Im einzelnen beschreibt Teilhard die dialektischen Schritte wie folgt: Als erstes versetzt Teilhard uns „in den Kern des kosmischen Geschehens" was uns den Blick auf das uns umgebende „Universum in der eingebundenen Totalität seiner psychischen, zeitlichen und räumlichen Dimensionen" eröffnet.[2] In dieser interdependenten und undefinierten Unermeßlichkeit zeichnet sich entgegen dem allgemeinen Trend der Entropie „eine aufsteigende Strömung einer mit Bewußtsein einhergehenden Komplexifikation" ab.[3]

Dieses Gesetz der Rekurrenz ist für Teilhard, wenn man es weiter verfolgt bis zu seinem vorläufigen Endpunkt, in der Lage, „die Achse eines wahrhaften und vollendeten Glaubens zu werden"[4]. Wie wir gesehen haben, kulminiert dieses

1 VII, 149.
2 VII, 150.
3 V, 150.
4 Ebd.

Gesetz in der Sicht Teilhards im Menschen. Doch sieht er in der gegenwärtigen Menschheit noch keinen notwendigen Endpunkt der Bewegung. Vielmehr werden die Menschen selbst zu Elementen „eines möglichen noch höheren Komplexes", in der die Menschen zur Einheit gelangen über die Entwicklung dessen, was Teilhard bereits Mitte der Zwanziger Jahre die Noosphäre genannt hat. Letztere ist gekennzeichnet durch ihre konvergente Struktur, „die nach oben hin einen Punkt der Reifung (oder der kollektiven Reflexion)"[5] vorzeichnet. Dieser Endpunkt ist durch zweierlei Eigenschaften gekennzeichnet:

„Erstens, er ist einzig und folglich endgültig."[6] Eine weitere Komplexifikation über eine sich selbst kollektiv reflektierende Menschheit hinaus ist zumindest im Bereich unseres Planeten nicht denkbar. Da eine weitere biologische Evolution des Menschen so gut wie ausgeschlossen ist[7], hört mit dem Erreichen der die Menschheit einenden Koreflexion das Gesetz von Komplexifikation und Bewußtsein „automatisch auf zu funktionieren"[8].

„Zugleich aber weist dieser Gipfel das grundlegende Erfordernis der Irreversibilität auf."[9] Es ist bekanntlich eines

5 Ebd.

6 Teilhard weist zwar auf die höchst unwahrscheinliche Möglichkeit eines Kontakts mit den Noosphären anderer Planeten hin, doch würde das die Problematik lediglich auf die nächst höhere Stufe – eine das Universum umfassende Super-Noosphäre in kollektiver Reflexion – heben, aber ansonsten keine neuen Argumente einbringen.

7 Die Bedingungen der Artbildung sind in großen, zusammenhängenden Gruppen nicht mehr gegeben. Es braucht eine Zeit der Isolation. Vielleicht könnten Marskolonisten sich zu einer eigenen, mit den Menschen nicht mehr kompatiblen Art entwickeln. Doch sieht es wohl kaum danach aus, daß die Marskolonisation möglich ist.

8 VII, 151.

9 VII, 151. Es mag in diesem Kontext daran erinnert werden, daß das Gesetz der Irreversibilität, Dollos Gesetz, für die Evolution

der ersten Merkmale der erwachenden Menschheit, daß sie ihre Toten mit Grabbeigaben bestattet, die auf den Glauben an ein Weiterleben jenseits des Todes verweisen. Was sich bereits beim einzelnen „einer strikten Introspektion zeigt", daß es nämlich „eine radikale Unmöglichkeit des Miteinanders von ‚totalem Tod' und ‚reflektiertem Tun' gibt", wird „im Falle eines desinteressierten kollektiven menschlichen Bemühens" überdeutlich, und sie erreicht „ihr Maximum in einer Menschheit, die sich der Größe ihrer Anstrengungen und des Wertes ihrer Leistungen voll bewußt geworden ist"[10].

„Der Mensch treibt so aufgrund des Prozesses, in den er hineingenommen ist, auf eine Endposition zu, wo:

a) er organisch nicht mehr weiter gehen kann auf dem Wege der Komplexität und folglich des Bewußtseins – nicht einmal kollektiv;

b) er psychisch nicht akzeptieren kann, zurückzuweichen;

c) und er kosmisch nicht auf der Stelle stehen bleiben kann, da in unserem ‚entropischen' Universum aufhören voranzuschreiten heißt, nach hinten zurückfallen."[11]

Es dürfte deutlich sein, daß Teilhard hier apokalyptisch denkt: endzeitlich in dem Sinne, daß diese Welt, zumindest im Bereich der Erde, einen Endpunkt erreicht, über den es mit den Möglichkeiten des Weltstoffs kein Hinaus mehr gibt. Dies ist sowohl eine Zielvorgabe, die sich aus der Extrapolation des bisherigen Verlaufs des universellen Evolutionsprozesses ergibt, als auch ein Endpunkt, an dem entweder dieses Universum sich vollends sinnleer erweist – wie es etwa Steven Weinberg in seinem Buch „Die ersten drei Minuten"[12] auf der letzten Seite annimmt – oder aber an dem sich

schlechthin gilt; vgl. Über das Gesetz der Irreversibilität in der Evolution, III, 71–74.

[10] VII, 151.

[11] VII, 151.

[12] Steven Weinberg, Die ersten drei Minuten. Der Ursprung des Universums, München [6]1986.

dieser Endpunkt der Welt als Zielpunkt der Schöpfung erweist, der immer je schon vorgegeben und im Transzendenten verankert war. Von seiten des evolvierenden Universums aus gesehen, „zeichnet sich der Gipfel des evolutiven Kegels (der Punkt Omega) am Horizont zunächst als ein Brennpunkt der einfach immanenten Konvergenz ab: eine in sich total reflektierte Menschheit“[13]. Dieser Endpunkt ist aber, wenn er strikt immanent ist – und hier vermag keine Naturwissenschaft mehr Auskunft zu geben, da sie ihrer Natur nach nur über Immanentes auszusagen vermag – kein anzustrebendes Ziel mehr: Für den Menschen ist ein solches Ziel, nach dem nichts mehr kommt, das nicht neue Perspektiven eröffnet, kaum wirklich erstrebenswert. Er wird sich in seinem Tun verweigern[14], wenn sich die Welt als geschlossen und ohne Zukunft erweist, wenn sie sich als definitiv dem Gesetz der Entropie unterworfen erweist.[15] Der Mensch, dem keine Zukunft mehr offen steht, verweigert sich. Ein strikt immanenter Zielpunkt der Evolution, von dem es nur noch ein Zurück in den totalen Tod der Menschheit geben kann – mag dieser früher oder später, aber eben mit absoluter Gewißheit eintreten –, ist kaum geeignet, den Menschen heute in seinem Tun zu beflügeln. Von daher ergibt sich, daß dieser Endpunkt, wenn er wirklich den Menschen Ziel sein soll, „um Bestand zu haben, hinter sich, tiefer als er selbst, einen transzendenten – einen göttlichen Kern voraussetzt“[16].

13 VII, 152.

14 Vgl. Le goût de vie, VII, 237–251.

15 Es mag in diesem Kontext interessant sein, darauf hinzuweisen, wie moderne Wissenschaftler versuchen, sich von der existentialistisch gefärbten Einstellung Steven Weinbergs abzusetzen. Typisch etwa der Versuch Barrows und Tiplers, einen alle Information der Evolution sammelnden Endzustand unter den Bedingungen eines letzten Schwarzen Lochs als erstrebenswerte Zielvorgabe zu denken.

16 VII, 152.

Dieser erste Schritt der Teilhardschen Dialektik führt so zu dem Postulat des Göttlichen im Zielpunkt der menschlichen, der universellen Evolution, in Omega. In dieser ersten Annäherung stellt sich „Gott (die transzendente Seite Omegas) letzten Endes nicht nur als ein *Hyper*-Zentrum, sondern notwendigerweise auch als ein *Auto*-Zentrum dar“ [17]. Es kann hier gefragt werden, ob sich diese Schlußfolgerung notwendig ergibt oder ob hier der Mystiker, der seiner Gotteserfahrung gewiß ist, als einer spricht, der Zugang zu seiner Gotteserfahrung vermitteln will, die für ihn gegeben ist. Sicherlich hat Teilhard nicht geglaubt, er würde hier einen syllogistischen Gottesbeweis liefern. Vielmehr beschreibt Teilhard die Erfahrung, die ihm aus seinem Glauben an die Schöpfung und an den Schöpfer dieser konkreten werdenden Welt erwächst. Gott „erscheint ihm in erster Annäherung“, das heißt in seinem Versuch, Gott als den Schöpfer in seinem Werk zu orten, als Omega. Und da Omega, „zumindest mit einem Teil, mit dem zentralsten Teil seiner selbst, transzendent ist (das heißt unabhängig von der Evolution), subsistiert es durch dieses Zentrum seiner selbst unabhängig von Raum und Zeit. Was auf die Aussage hinausläuft, daß es sich für unsere Erfahrung nicht nur als ein virtueller, sondern als ein eminent aktueller Ultra-Brennpunkt der Konvergenz verhält.“ [18]

Man wird davon ausgehen dürfen, daß dies kein strikt rationalistisch nachvollziehbarer und verifizierbarer Gedankengang ist. Doch die Theologie ist keine beweisende Wissenschaft. Sie nutzt vielmehr, und Teilhard hat gerade das in überragender Weise getan, das Wissen um die Welt, die sie als Schöpfung glaubt, um den Schöpfer in bezug auf diese bekannte Welt auszusagen. Sie ist Weltdeutung und keine wissenschaftlich beweisbare Beschreibung. Insofern zeigt Teilhard auf, wie Gott im Horizont des evolutiven, im

[17] VII, 152.

[18] VII, 152.

Menschen kulminierenden Universums sinnvoll geglaubt werden kann, wie Gott dem Glaubenden in dieser evolutiven Welt in erster Annäherung erscheint, nachdem das traditionelle scholastische Gottesbild sich als inkompatibel mit der bekannten Welt erwiesen hat.

Ist Gott-Omega in seiner transzendenten und immanenten Wirklichkeit als Zielpunkt der evolutiven Schöpfung in das Blickfeld gerückt, wird eine „tiefgreifende Veränderung unserer Sicht des humano-kosmischen Phänomens" bewirkt.[19] Unsere ursprüngliche Vorstellung, bei der Evolution handele es sich um eine autonome, spontane Bewegung des Aufstiegs von Bewußtsein, wird durch die Entdeckung ersetzt, daß es sich um „eine durch das Wirken eines höchsten Sterns hervorgerufene Flutwelle" handelt. „Wenn das Viele sich vereinigt, so letztlich deshalb, weil es *angezogen* wird."[20]

Die Beziehung Schöpfer-Schöpfung erscheint jetzt nicht mehr in erster Linie als eine Manifestation der Allmacht: Dies wird insbesondere auch darin sichtbar, daß „zwischen dem anziehenden Gott und den angezogenen Elementen der Welt die Kraftlinien der Natur nach der psychischen Qualität dieser Elemente proportional sind: Gott zieht sie in dem Maße an, wie sie anziehbar sind."[21] Deshalb manifestiert sich Gott gegenüber der Materie nicht in der Weise, wie es etwa der Bericht aus dem zweiten Kapitel der Genesis beschreibt: „Dann bildete Gott den Menschen aus dem Staub von dem Erdboden" (Gen 2,7). Gott benutzt die Materie offensichtlich, wenn wir die Geschichte des Universums betrachten, nicht als Material, als Lehm. Vielmehr zieht er die einfachsten Elemente der Materie auf ihrer Ebene an, sich zu vereinigen. In gewisser Weise wirkt Gott auf das Atom ein wie und durch ein Atom. Im Falle des „Menschen (dem zentrierten, das heißt personalen Sein)" läuft dies darauf hinaus, „daß der vom göttlichen Hyperzentrum herabsteigende Influx sich als

[19] VII, 152.
[20] VII, 153.
[21] VII, 153.

zentrisch, das heißt als personal manifestieren kann und muß"[22].

Mit anderen Worten, in einem sich evolutiv voranbewegenden Universum erscheint Gott als Zielpunkt, als Spitze der konvergierenden Bewegung, und zwar „nicht nur als Pol der Konsistenz, sondern auch als erster Beweger nach vorn; und dies nicht nur als physischer oder biologischer erster Beweger, sondern als psychischer erster Beweger, der sich in uns Menschen an das wendet, was das Menschlichste an uns ist – das heißt an unsere Intelligenz, an unser Herz und an unsere Freiheit."[23]

Das Gottesbild – die Weise, wie Gott dem Menschen in der Welt sichtbar werden kann, – wandelt sich damit grundlegend. „Während im Falle einer statischen Welt der Schöpfer (als *causa efficiens*), was immer man auch dazu sagt, *strukturell* von seinem Werk abgelöst und damit von vornherein ohne definierbare Grundlage seiner Immanenz ist, ist im Falle einer Welt evolutiver Natur Gott im Gegenteil (weder strukturell, noch dynamisch) anders in dem Maße, wie er als eine Art *‚causa formalis'* mit dem Konvergenzzentrum der Kosmogenese zur Deckung kommt (ohne damit zu verschmelzen). Weder strukturell, noch dynamisch: Denn wenn Gott uns jetzt nicht an diesem höchsten und präzisen Punkt, an dem sich von nun an für uns die Natur verknüpft, erscheinen würde, würde unausweichlich unser Liebevermögen sich nicht mehr auf ihn (eine absurde Situation), sondern auf einen anderen Gott richten."[24]

Teilhard ist sich so der Radikalität des von ihm als notwendig angesehenen Wandels im Gottesbild durchaus bewußt. An die Stelle eines „Gottes-‚Modells' nach dem Typ eines *a retro* von außen wirkenden Ersten Bewegers" stellt er einen „organisch *ab ante* als Ersten Beweger" wirkenden „Gott"; denn „seit der Emergenz des ‚evolutiven Sinns' in

[22] VII, 153.
[23] VII, 153.
[24] X, 288.

unserem Bewußtsein ist es uns physisch nicht mehr möglich, Gott anders zu denken oder anzubeten.“[25]

Gott ist in der Schöpfung präsent in dem Punkt Omega, den er total und funktionell ausmacht, ohne daß Omega die Wirklichkeit Gottes vollkommen zu beschreiben beanspruchen könnte. Für das evolvierende Universum wirkt er als der Punkt der höchsten Anziehung auf eine Schöpfung, die sich nicht mehr als ein einmaliger Akt, sondern als ein kontinuierlich fortgeführtes Werk erweist. Gewiß kannte die Scholastik den Gedanken der *creatio continua,* der fortdauernden Schöpfung, doch wurde darunter wohl nur die fortdauernde Erhaltung der Schöpfung begriffen bis zu dem Tag, an dem sie ihren Zweck[26] erfüllt hatte, ohne daß sich in der Schöpfung selbst etwas wesentlich veränderte oder gar daß etwas hinzugekommen wäre.[27] Die *creatio continua* in der

[25] X, 288.

[26] Der Zweck der Schöpfung wurde von der Scholastik als die Wiederherstellung der ursprünglichen Schöpfungsordnung begriffen, die durch den Fall der Engel gestört war. Das Mittelalter diskutierte darüber, ob alle Menschen, die in den Himmel kommen, oder nur die Jungfrauen als Ersatz für die gefallenen Engel gelten würden. Die Schöpfung selbst wird nur solange in Gang bleiben, bis die Zahl erreicht ist. „Das letzte Ziel der Himmelsbewegung ist die Vervielfältigung der Menschen, die für das ewige Leben hervorgebracht werden sollen. Diese Vielheit kann aber nicht unendlich sein, denn die Absicht jedweden Verstandes bleibt bei irgendeinem Endlichen stehen. Wenn also die Zahl der Menschen, die für das ewige Leben hervorgebracht werden sollen, voll ist und sie in das ewige Leben versetzt sind, wird die Bewegung des Himmels aufhören, wie die Bewegung jedweden Werkzeuges aufhört, nachdem das Werk vollendet ist. Wenn aber die Bewegung des Himmels aufhört, wird folglich die Bewegung bei den niederen Körpern aufhören, ausgenommen allein die Bewegung, die in den Menschen von der Seele herrühren wird.“ (Comp.Th. I, c. 141))

[27] Die rationes seminales des Augustinus lassen sich kaum in einem evolutiven Sinne interpretieren: Weder kannte Augustinus diese Problematik, noch wollte er etwas darüber sagen.

evolvierenden Welt ist kontinuierliches schöpferisches Tun Gottes, der das Universum aus dem Nichts zu sich ruft. Wie wir gesehen haben, ist dieser Ruf Gottes, der die Welt aus dem Nichts hervorbringt, nicht befehlend und nicht auf Ordnung erzwingende Herrschaft ausgerichtet. Vielmehr ist die Antwort der Schöpfung so frei, wie auf jeder Stufe des Werdens möglich, um im Menschen die Möglichkeit zu erreichen, in Freiheit auf den Anruf Gottes bewußt zu antworten. Gott läßt so die Schöpfung – zumindest soweit unser Erfahrungshorizont reicht – sich in größtmöglicher Freiheit entfalten. Im Menschen hat sie die Fähigkeit und die Freiheit erreicht, ja oder nein zu Gott zu sagen, dem Anruf Gottes zu antworten oder sich zu verweigern.

Die Frage, weshalb Gott die Welt geschaffen hat, ist heute ebensowenig zu beantworten wie zur Zeit Platons, der den Demiurgen im Timaios sagen läßt, der Grund seines Werkes sei seine Gutheit. Ebensowenig kann uns heute die mittelalterliche Antwort befriedigen, Gott habe die Welt als Ort der Menschen geschaffen, die bestimmt sind, sich hier in diesem Jammertal zu bewähren und sich den Himmel zu verdienen, um so die ursprüngliche Ordnung wieder herzustellen, d.h. die durch die von den gefallenen Engel in der himmlischen Ordnung hinterlassenen Lücken wieder aufzufüllen.[28]

Man kann sicher über die Frage in der Weise spekulieren, wie es Platon und die Scholastik getan haben. Dabei darf man davon ausgehen, daß die Scholastik glaubte, sich bei ihrer Spekulation auf die Offenbarung berufen zu können. Doch dürfte es heute schwer sein, einen Exegeten zu finden, der die Engel- und damit die Schöpfungsspekulationen eines Thomas von Aquin oder eines Bonaventura aus der Bibel glaubt begründen zu können. Auf keinen Fall scheint es heute noch möglich, mit diesen Vorstellungen von der

[28] Charakteristischerweise wird diese für das ganze Hochmittelalter und für die Hochscholastik wichtige Frage in den Handbüchern der Theologie nicht mehr erwähnt. Vgl. Hierzu N. Max Wildiers, Theologie und Weltbild, Einsiedeln 1976.

Schöpfung als Projekt zur Wiederherstellung – und eventuell Überhöhung – der ursprünglichen göttlichen Himmelsordnung den christlichen Glauben zu verbreiten.

Andererseits ist ein Glaube, der die konkrete Schöpfung nicht in bezug auf Gott zu denken vermag, hohl. Die Welt, die Gott ins Werden gerufen hat, korrespondiert nicht mehr mit der Gottesvorstellung der Genesis. Die Antwort, die Teilhard zu geben versucht, hat sich von den Weltvorstellungen der Genesis und auch der Evangelien gelöst, soweit sie notgedrungen die von den Weltvorstellungen zur Zeit Jesu geprägte Sprache sprechen. Die Idee der Allmacht, die Gott die Möglichkeit absoluter Willkür zuschreibt[29], ist für den modernen Menschen kein überzeugender Grund der Anbetung mehr. Die Schwierigkeiten der Theodizee, d.h. Rechtfertigung Gottes angesichts des Leids, in ihrer traditionellen Gestalt hängen, wie Teilhard sehr klar gesehen hat, mit einer solchen, in erster Linie an der Allmachtsvorstellung festgemachten Gottesidee zusammen. Es ist an der Zeit, diese Vorstellung als Leitidee aufzugeben, um die Allmacht Gottes seinem Wesen unterzuordnen. „Wir mißbrauchen die Allgegenwart ebensosehr wie die Allmacht Gottes ... Diese vermag nur evolutiv zu handeln, und jene kann sich nur im Akt der Schöpfung, der Vereinigung, der Evolution verwirklichen.“[30]

Die hier aufgezeigten „Einschränkungen“ der „Freiheit“ Gottes haben ihre Wurzel natürlich nicht in den vorgefundenen Strukturen der Schöpfung, es sind keine von außen auferlegten Grenzen, vielmehr sind sie Ausdruck des Wesens Gottes. Gott ruft die Welt ins Werden, so wie es seinem

[29] Teilhard notiert aus dem Buch von Lucien Febvre: Le Problème de l’Incroyance au 16è siècle: La Religion de Rabelais, (Coll. Beva), S. 172: „Die Allmacht Gottes: Wenn es Ihm gefiele, würde es verdienstlich, Gott zu hassen, zu stehlen ... (Occam)“ [La Toute puissance de Dieu: S’il Lui plaisait, haïr Dieu, voler... deviendrait méritoire (Occam)] (1949, Journal, Notes de lecture).

[30] Notiz vom 18. Feb. 1950.

Wesen entspricht. Für Teilhard stand, aufgrund seiner mystischen Erfahrung und zweifellos aufgrund der biblischen Offenbarung, fest, „Gott ist die Liebe“ (1 Joh 4,8). Die Liebe aber will nicht beherrschen, sondern sie nimmt den anderen an als den, der er geworden ist. Die oben aufgezeigten Strukturen der Schöpfung, insbesondere die Schöpfung als werdende Freiheit und als werdender Geist, werden begreiflich, wenn sie in bezug auf Gott gedacht werden. Liebe fragt nach liebender Antwort, die nur dort möglich ist, wo sie in Freiheit gegeben wird. Die Vereinigung, das schöpferische Geschehen in dieser evolutiven Welt, ist nur möglich im Respekt des anderen Elements, und insbesondere auf der menschlichen Ebene in der Achtung vor dem Personsein des anderen. Sofern die Schöpfung im Menschen ihren – vorläufigen – Gipfel erreicht, wird in der Menschheit das Grundprinzip der in der Vereinigung wirksamen schöpferischen Kraft unmittelbar erfahrbar: Der Mensch darf nicht zu einer auswechselbaren Größe werden, vielmehr müssen seine Einzigkeit und seine Freiheit in jeder Struktur gewahrt bleiben, in die er als Element eingeht. Die Kraft, aus der solche differenzierende Vereinigung verwirklicht werden kann, ist, wie Teilhard nicht müde wird aufzuzeigen, die Liebe. „‚Die Vereinigung differenziert‘. Die Liebe ist einfach der konkrete Ausdruck dieses metaphysischen Prinzips.“ Das Werden der Schöpfung geschieht aus der Kraft der Liebe, als Verwirklichung der Liebe in der Antwort auf den die Welt in Liebe zu sich rufenden dreieinigen Schöpfergott. Gott ist als die Kraft der Liebe allgegenwärtig, im Innersten jedes Elementes dieser Welt ist der Anruf Gottes zur liebenden Vereinigung wirksam. „Deus creat uniendo“[31]: Gott schafft die Welt, indem er die Elemente in der Kraft seines liebenden Anrufs sich vereinigen läßt.

Eine solche Aussage ist nicht ungefährlich, weil sie mißverstanden werden kann, so als ordne man das

31 IX, 73.

Schöpfertun Gottes in die Faktoren ein, die insgesamt den Lauf der Welt bestimmen. Die Kraft der Liebe gehört nicht in die Reihe der Naturkräfte, sie alle sind, wie alles Geschaffene, Werk der Liebe und sie werden in der Wirklichkeit gehalten durch die Liebe. „Gott schafft die Welt", ist keine naturwissenschaftliche Aussage, sondern eine Glaubensaussage, die die Welt erhellt, sie der Sinnlosigkeit entreißt und der Welt in Gott ein Ziel setzt, die aber keinem naturwissenschaftlichen Beweis oder Gegenbeweis zugänglich ist. Die Naturwissenschaft kann nur Wissen über die Welt vermitteln. In diesem Wissen vermag dem Glaubenden die Weise des göttlichen Wirkens aufzuscheinen. Und in dem sich wandelnden Wissen um die Welt wird dem Glaubenden Gottes Wirken in neuer Weise sichtbar. Nahm das Mittelalter in dieser Welt zuvörderst die Weltordnung wahr, die der Mensch als Vorbild der gesellschaftlichen und individuellen Ordnung sich zu eigen zu machen suchte[32], so glaubte er zu sehen: „Gott schafft Ordnung". Aufgrund der Strukturen des Werdens in unserer Welt können wir mit Teilhard sinnvoll heute sagen: „Gott schafft differenzierende Einheit in der Kraft der Liebe."

Noch einmal, dies ist letzten Endes keine wissenschaftliche, sondern eher eine mystische Aussage, die im Glauben wurzelt. Sie macht aber die Welt als Schöpfung für die Augen des Glaubens einsichtiger. Ziel dieser Schöpfung – wie sie sich uns heute, wie sie sich Teilhard zeigt – ist letzten Endes die liebende Vereinigung mit Gott, der in seiner Unendlichkeit die unbegrenzte Zukunft der Menschheit ist.

[32] Vgl. N. Max Wildiers, Theologie und Weltbild, Einsiedeln 1976.

8. SCHÖPFUNG UND ERLÖSUNG

Traditionell wurden Schöpfungs- und Erlösungstheologie als zwei voneinander unabhängige Dinge angesehen. Die Erlösung wird in der traditionellen scholastischen Theologie ebensowenig wie in der lutherischen Theologie bei der Schöpfung mitgedacht, weil die Welt in ihren Anfängen als vollkommen vorgestellt wird. In den Handbüchern der Dogmatik läßt sich heute noch nachlesen, daß Adam und Eva mit außergewöhnlichen Gaben ausgestattet und ohne Sünde waren. Es ist evident, daß die Paradiesesgeschichte der Genesis – wie immer man sie im Hinblick auf die conditio humana sinnvoll interpretieren kann – heute nicht mehr als eine historische Geschichte angesehen werden kann. Es ist schlicht auf der Erde kein Ort für ein solches Paradies, und die Entwicklung des Menschen in den letzten Millionen Jahren kennt keinen Zeitpunkt, an denen der Tod nicht Schicksal aller Lebewesen einschließlich des Menschen war. Ebensowenig ist in der Geschichte der Menschheit ein Zeitpunkt erkennbar, an dem der Mensch die paradiesische Vollkommenheit hätte haben können. All diese Vorstellungen stehen im Widerspruch zum konkreten Schöpfertun Gottes, das in unendlicher Geduld über Milliarden von Jahren Galaxien, Sterne, Planeten, einfachste und immer komplexere Lebewesen sich bilden ließ. Weshalb sollte plötzlich beim Menschen ein radikaler Bruch in dem auf Freiheit des Werdenden abgestellten Schöpfertun Gottes eintreten? Kurz, wie Teilhard in seinen Texten zur Erbsünde mehrfach dargelegt hat, in dieser Welt, in dieser Schöpfung ist weder die Möglichkeit eines „Urzustandes" im Sinne der traditionellen scholastischen Theologie, noch die Möglichkeit der Erbsünde gegeben.[1]

[1] Vgl. Karl Schmitz-Moormann, Die Erbsünde, Überholte Vorstellung – Bleibender Glaube, Olten 1969.

Die traditionelle Erlösungslehre ist aber nun weitgehend festgemacht worden an der Lehre von der Erbsünde. Hätte Adam nicht gesündigt, wäre die Erlösung überflüssig. Zwar hat man darüber spekuliert, ob die Inkarnation, die Menschwerdung des Logos, ohne den Sündenfall auch Wirklichkeit geworden wäre. So vertrat etwa Duns Scotus, auf den Teilhard mehrfach hinweist[2], die Meinung, daß die Inkarnation im göttlichen Schöpfungsplan vorgesehen war. Doch insgesamt hat die Theologie des Mittelalters und der Neuzeit die Inkarnation nur im Zusammenhang mit und als göttliche Antwort auf den Sündenfall der Menschen gesehen. Wenn man von letzterem nicht mehr sinnvoll sprechen kann, sind im Denkhorizont traditioneller Theologien die Menschwerdung, das Leben, das Leiden, der Tod und die Auferstehung unverständlich und damit unverkündbar geworden. Teilhard hat dieses Dilemma der traditionellen scholastischen Theologie sehr deutlich gesehen. Als Reaktion auf die Enzyklika *Humani generis* vom Sommer 1950, die zwar einige Zugeständnisse hinsichtlich der leiblichen Entwicklung des Menschen durch den Evolutionsprozeß machte, aber im Kern weder die Idee eines ersten Menschenpaares noch die eines speziellen Eingriffs des Schöpfers in den Werdeprozeß aufgibt, notiert Teilhard am 24. August 1950: „‚Integristisches' Manifest ..." Insbesondere moniert er den Literalismus des „individuellen Adam", seine „Unzerstörbarkeit", die „Verwechslung von ‚Versöhnung' und ‚Eingliederung', von ‚geschnitzter männlicher Rippe' und Synthese". Die Enzyklika „sieht nur eine sprachliche Anpassung, wo die Ideen sich verändert haben". Doch heißt dies nicht, daß Teilhard sich gegen eine realistische Sprache im Bereich der christlichen Lehre aussprechen würde. Am selben Tage notiert er: „Ich begreife, daß es gut ist, um die Verflüchtigung des Christischen zu vermeiden, wenn die Autorität auf dem

2 Vgl.: VII, 158; Tagebuch: 17. 10. 1920; 20. 2. 1946; 4. 11. 46; 22. 11. 46; 6. 12. 46; 24. 10. 48; 30. 1. 50.

Realismus des christlichen Dogmas besteht ... Nicht aber auf dem Literalismus (soweit gehend, daß man wieder vom Individuum Adam und der Unvergänglichkeit eines zellularen Systems spricht, das sich dem kosmischen Zyklus entzieht). Das sind Worte, die aus einer verschwundenen Welt kommen – und eine Verachtung des Menschen, der Physik und der Biologie." Teilhard sieht sich hier außerstande, den Vertretern einer Theologie zu folgen, die Christus nur im Kontext mit der Erbsünde, mit einem ersten, in Sünde gefallenen Adam zu sehen vermögen. Er ist „angesichts der [thomistischen] Theologen konsterniert, die nicht zu sehen vermögen, daß seit dem heiligen Thomas sich die Ideen positiv geändert haben, indem sie neue Dimensionen (Organizität und Dauer = Genese) hinzugewannen". Und deshalb vermag er „den [thomistischen] Theologen nicht zu verzeihen, daß sie Gott (Christus) für uns kleiner machen. Sie hindern uns, mit aller Kraft anzubeten und zu lieben."[3]

Für Teilhard ist die Inkarnation um der Sünde eines unwirklichen, in unserer Welt nicht vorkommenden Adams willen undenkbar geworden. Für die christliche Theologie stellt sich damit die Frage, wer Christus ist und in welcher Weise er als das Heil der Welt begriffen werden kann. Die Antworten auf diese Frage sind verschieden ausgefallen. Durch eine Vermenschlichung und Entgöttlichung der Person Jesu kann sich die Theologie der zentralen Frage der Inkarnation entziehen. Jesus wird zu einem sicherlich hervorragenden Propheten in der Reihe der Propheten, zu einem Vorbild als ein Mensch, der Gott näher war als alle anderen. Aber doch ganz Mensch. Oder Christus wird zu einer Idee, zu einer Wirklichkeit, die aus der Geschichte heranwächst. Bei Alfred Loisy[4], mit dessen Ideen sich Teilhard 1945 intensiv auseinandersetzte, ist „der historische

3 Alle vorausgehenden Zitate aus dem Tagebuch vom 24. August 1950. Teilhard kürzt die „‚thomistischen' Theologen" mit TT ab, es mag auch einfach „die Theologen" heißen.

4 Loisy gilt als der ursprüngliche Vertreter des Modernismus.

Christus in der Demut seines Dienstes groß genug, um die Christologie zu rechtfertigen; und die Christologie braucht nicht ausdrücklich von Christus gelehrt worden zu sein."[5] Damit wird für Teilhard der Kern des christlichen Glaubens getroffen, denn „dann wird die ‚Christologie' zu einer humanitären mystischen Bewegung, ohne christische Genese, ohne Caritas."[6] Die entscheidende Frage des ganzen Evangeliums ist für Teilhard „Der Gott Jesu oder der Gott Jesus"[7]. Wird für Teilhard die göttliche Natur Jesu in Frage gestellt, ist der Kern der christlichen Botschaft aufgegeben.

Allerdings ist das Bild, das die scholastische Theologie von Jesus dem Christus zeichnet, angesichts der Größe der Welt völlig unzureichend geworden. Einerseits kann Erlösung nicht mehr begriffen werden in bezug auf eine Erbsünde, für die in der evolutiven Schöpfung kein Platz ist. Andererseits kann der christliche Glaube nur Bestand haben, wenn gewährleistet ist, daß in Christus das Universum zum Heil gelangt. Der Mensch Jesus von Nazaret, auf den sich moderne Theologen manchmal zurückziehen unter Vernachlässigung seiner göttlichen Natur, kann offensichtlich aus seiner Menschheit allein heraus dies nicht bewirken. Der Gottmensch allein ist fähig, angesichts eines ungeheuer ausgeweiteten Universums nicht zu einer Episode der Religionsgeschichte zu werden. Dazu aber bedarf es, und das hat Teilhard klarer gesehen als irgendein anderer Theologe der Neuzeit, daß er begriffen wird im Zusammenhang mit dem Universum, mit der evolutiven Schöpfung. Dieses Bemühen, Christus im Kontext der Schöpfung zu sehen und den Ort Christi in bezug auf die Schöpfung auszumachen, durchzieht das Gesamtwerk Teilhards, insbesondere seit seiner mystischen Erfahrung, die in den „Drei Geschichten nach

[5] *Loisy.* Mémoire II p. 252, zitiert nach Teilhards Aufzeichnungen vom 6. Januar 1945.

[6] 6. 1. 1945.

[7] 21. 1. 1945.

Benson"[8] 1916 kurz vor einem Einsatz zur Erstürmung einer hartumkämpften Höhe als eine Art Testament verschlüsselt aufgezeichnet wurde. Insbesondere die Geschichte *Das Bild* beschreibt die Grundvision Teilhards: Das Herz Jesu, das in das ganze Universum ausstrahlt und alles Werthafte des Kosmos in sich heimholt. Wenige Jahre später kommt Teilhard während seiner Exerzitien auf diesen Zusammenhang zurück: „Ohne daß ich es recht analysiert habe, hat sich für mich im Herzen Jesu[9] die Konjunktion[10] des Göttlichen und des Kosmischen, des Geistes und der Materie vollzogen. Dort ist der machtvolle Zauber, der mich von Anfang an erobert hat ... Die ganze Entwicklung meines inneren Lebens ist lediglich die Evolution dieses Keims gewesen."[11] Und 1948 notiert er nach dem Besuch der römischen Kirche der Jesuiten und der Herz-Jesu-Kapelle: „Herz Jesu = Zentrum Jesu = Brennpunkt der kosmischen Einrollung"[12]. Diese Notiz ist sicherlich für den mit dem Teilhardschen Denken nicht Vertrauten eher eine Chiffre denn eine einsichtige umfassende Aussage. Doch wird zumindest deutlich, daß man nicht fehlgeht in der Annahme, daß die zentrale Stellung Jesu im Kosmos für die Christologie Teilhards von großer Bedeutung ist.[13] Im Kern läßt sie sich wie folgt zusammenfassen:

Die Inkarnation und Erlösung ist Teil des Schöp-

[8] Le Christ dans la Matière. Trois Histoire comme Benson, in: XII. Deutsch in: Lobgesang des Alls, aaO. 43–69.

[9] Genauer müßte es heißen, im *heiligsten Herzen,* im *Sacré Coeur;* die Konnotationen sind im deutschen Terminus wohl doch nicht dieselben wie im französischen.

[10] Teilhard verwendet hier den Begriff im Sinne der Astronomie.

[11] 7. 10. 1920.

[12] 11. 10. 1948.

[13] Vgl. zur Christologie Teilhards insbesondere: James A. Lyons, The Cosmic Christ in Origen and Teilhard de Chardin: A comparative Study, Oxford 1982, und Christopher Mooney, Teilhard de Chardin and the Mystery of Christ, New York 1964.

fungsplanes. Die evolutive Schöpfung ist auf den Mensch gewordenen Logos hin ins Werden gerufen worden. In Ihm und nur in Ihm kann die Schöpfung an ihr Ziel gelangen. Erlösung heißt in einer solchen Sicht Vollendung der Schöpfung, die auch hier nicht geschieht in der Weise eines Vollkommenheit hervorbringenden allmächtigen Gottes, sondern in der Weise des im freien Geschenk seiner Liebe die Möglichkeit der Vollendung der Schöpfung ermöglichenden Gottes. In dem Menschen Jesus wird Gott selbst Teil der Schöpfung.

Dies steht zutiefst im Einklang mit dem, was über die Weise der Schöpfung als Tun der Liebe gesagt wurde: Die Liebe überwältigt nicht, vielmehr begegnet sie dem anderen auf seiner Ebene. Wie gesagt wurde: Gott spricht als Atom zum Atom, als lebende Zelle zur lebenden Zelle, als Lebewesen zum Lebewesen. Es muß hier noch einmal mit Nachdruck gesagt werden: Gott ist nicht dies oder jenes, doch seine Gegenwart bekundet sich je auf der Ebene und in der Weise des Elements, das angerufen wird, ohne daß damit die Transzendenz Gottes in Frage gestellt würde. Die Allgegenwart Gottes wird nicht in erster Linie begriffen als die kontrollierende Allpräsenz – Gott sieht und hört alles –, sondern als die Gegenwart des liebenden Anrufs Gottes, der jedes Element im Dasein erhält und es fähig zur Begegnung mit anderen Elementen macht. „Im Universum sind die Beziehungen zwischen Elementen überall proportional der Natur dieser Elemente: materiell zwischen materiellen Objekten, lebendig zwischen lebenden, personal zwischen reflektierten Wesen.“[14]

Es gibt für Teilhard so, sofern er die Schöpfung richtig versteht, von seiten Gottes eine im Schöpfungsplan vorgesehene Offenbarung Gottes in dem Sinne, wie die traditionelle Theologie von ihr gesprochen hat. Es wäre sicherlich unsinnig, von einer Notwendigkeit der Selbstoffenbarung zu

[14] X, 188.

sprechen. Gott wird nicht determiniert. Doch ist die Selbstoffenbarung, die Selbstmitteilung an den Menschen, der im evolutiven Werden *capax Dei* (d.h. Gottes fähig) wurde, in der Teilhardschen Theologie von Anfang an Teil des Schöpfungsplanes. Wenn man den Schöpfungsbericht der Genesis auch unter dem Vorbehalt liest, daß hier in dem anderen Verstehenshorizont einer statischen Welt gesprochen wird, so wird man selbst dann noch sagen dürfen, daß hier etwas über diese zum Schöpfungsplan gehörende Selbstoffenbarung gesagt wird: Gott steht in diesem Bericht von Anfang an in einer Beziehung zu den Menschen, er redet von Anfang an mit ihnen. Diese Beziehung stellt sich in der evolutiven Welt nicht mehr so einfach dar. Teilhard ist sich sicher, daß „wenn der Mensch personal ist, der personale Gott ihn auf einer personalen Stufe und in personaler Form beeinflussen muß – das heißt über den Intellekt und über das Gefühl; mit anderen Worten, Er muß zu ihm ‚sprechen'"[15].

Teilhard weiß selbstverständlich um die Schwierigkeit, „die geschichtliche Wirklichkeit dieses Einflusses und dieses ‚Wortes' aufzuweisen"[16], was in letzter Radikalität nie erfolgen kann: Zwar kann man auf die zweitausend Jahre christlicher Predigt hinweisen, auf die Glaubenszeugnisse aus vielen Jahrhunderten, doch was dem Gläubigen als Leben aus der Offenbarung erscheint, bleibt für den kritisch Außenstehenden ein ideengeschichtliches Phänomen. Offenbarung ist als solche immer nur für den Glaubenden Wirklichkeit.

Eine zweites Problem ist, wie diese Offenbarung erfolgt. Von der im Wissen der Zeit und in der davon geprägten Sprache begründeten menschlichen Begrenztheit jeder Offenbarung haben wir schon gesprochen. Die Theologen sind „weit davon entfernt, hierüber [über das Wie] sich einig zu sein"[17]. Für Teilhard ist eines sicher, daß nämlich „Gott sich

[15] X, 188.
[16] X, 188.
[17] X, 188.

uns nicht von außen, durch ein Hereinbrechen, sondern von *innen her,* durch Stimulierung, Überhöhung und Bereicherung der psychischen menschlichen Strömung offenbart"[18]. Diese Aussage des Jahres 1944 hat Teilhard später, wahrscheinlich aufgrund von Diskussionen mit Theologen in Paris, doppelt ergänzt: Zum einen stellt er fest, von innen her „heißt *evolutiv*". Richtig angewendet, erscheint Teilhard dieses Grundprinzip, daß *Gott* in *allen* Bereichen (Schöpfung, Erlösung, Offenbarung, Heiligung...) *nur evolutiv handelt,* notwendig und ausreichend, „um das ganze Christentum zu modernisieren und ‚neu aufbrechen zu lassen'"[19]. Im Hinblick auf die Offenbarung über den Weg der Einwirkung auf die menschliche Psyche geschieht für Teilhard diese Einwirkung „durch gelenkte Anordnung, (Super-Anordnung) von Elementen (Ideen und Tendenzen), die bei dem ‚inspirierten Autor' fertig vorgegeben waren"[20].

Offenbarung, Selbstmitteilung Gottes geschieht so nicht durch „Eingießung" eines neuen Wissens, sondern durch Weckung neuer Einsichten, auch mystischer Einsichten. Gott spricht zum Menschen immer nur auf der Ebene seines Menschseins und seiner Verstehensfähigkeit. „Selbst im Falle Christi, der, um zu uns zu sprechen, Mensch werden *mußte.*"[21]

Die endgültige, wenn auch nicht abgeschlossene Offenbarung Gottes ist das Mensch gewordene Wort Gottes. In ihm eröffnet sich, zumindest für die Menschheit, die Möglichkeit des direkten personalen Angesprochenseins und damit die der Gottesbegegnung, wie sie bisher nur andeutungsweise in der Begegnung mit den Propheten, mit den Gottbegeisterten aller Zeiten und Völker möglich waren. Es ist wohl noch viel zu wenig bedacht worden, was in der Inkarnation in den Fluß des evolutiven Werdens hinein gewirkt wurde. Die

[18] X, 188.
[19] X, 188 n. 1.
[20] X, 188 n. 2.
[21] X, 188.

Theologie hat bisher zwar – von einigen modernen rationalistischen, das Gottsein Jesu in Frage stellenden Spekulationen abgesehen – an der menschlichen und göttlichen Natur Jesu festgehalten, dabei aber durchweg nicht in den Blick bekommen, daß das Verständnis vom Menschsein sich grundlegend gewandelt hat. Der Mensch ist nicht mehr „nur Gast auf Erden", der seine Heimat in einer anderen, überirdischen Welt hat. Vielmehr wurzelt er ganz in die Geschichte dieser Welt ein. Was immer er ist, es hat letzten Endes mit der Bildung der ersten Protonen und Alphateilchen in den ersten drei Minuten der Geschichte des Universums angefangen. Das Leben, das jeder Mensch lebt, reicht zurück bis zu den ersten lebendigen Partikeln auf dieser Erde: Die Lebendigkeit in jedem einzelnen reicht durch den Lebensfaden [wenn diese Metapher einmal erlaubt sein mag] ganz konkret bis zu den ersten Anfängen zurück. Wäre er gerissen, wäre der Mensch nicht da. In einem sehr genauen und konkreten Sinne ist das Leben in jedem Menschen fast vier Milliarden Jahre alt. Dies gilt auch für den Menschen Jesus, den Sohn Gottes. Menschwerdung heißt heute – und das konnte weder einer der Evangelisten noch der Apostel Paulus wissen –, einen Platz einnehmen in der Geschichte des Universums. In der Menschwerdung bringt sich Gott so selbst ein in den evolutiven Werdeprozeß, er wird zu einem Teil dieses Prozesses.

Dieser Prozeß aber ist nicht zu Ende. Der Gottmensch Jesus Christus kann nicht nur vorübergehend, für eine kurze Zeit in diesen Prozeß eingetaucht sein, ohne weiter an ihm Anteil zu haben. Dies würde Ihn ein der Vergangenheit angehörendes, für die Gegenwart immer unwichtiger werdendes Ereignis der Geschichte sein lassen. Teilhard hat immer wieder gefordert, daß die kosmische Dimension Seines Gottmenschseins deutlicher in die Christologie eingebracht wird. Dabei beruft er sich insbesondere auf den Apostel Paulus, in dessen Theologie Christus deutlich in Beziehung gesetzt wird zum Kosmos. Allerdings hat, wie auch Teilhard feststellt, die Theologie der Antike und des Mittelalters bis in unsere Zeit hinein diesem Aspekt nur geringe Aufmerksamkeit geschenkt. In der Nachbereitung der Schrift „Über den Christus Universalis“ (1920) stellt er fest: „In einer Epoche, da das menschliche Denken immer deutlicher dahin tendiert, den Kosmos als ein Ganzes ‚an sich‘ zu erkennen, wäre es an der Zeit, ein wenig darüber nachzudenken, welche Beziehungen dieses Ganze mit Gott vereinen können. Es läßt sich leicht sagen: Schöpfung aus Liebe, äußere Herrlichkeit ... Ist wirklich nichts anderes in der Offenbarung niedergelegt?“[22]

Kritisch gegenüber der gelehrten Theologie merkt er an: „Wenn man das einmal begriffen hat und vergleicht dann, wie die Tradition die Lehre etwa im Hinblick auf das κεχαριτωμένη [voll der Gnaden, Begnadete] des englischen Grußes einerseits und andererseits die Theorie des Christus universalis weiterentwickelt hat, wie sie machtvoll der heilige Paulus über ganze Kapitel dargelegt hat, kann man sich nur sehr wundern: dort eine kleine Seitenknospe, die sich zu einem großen Zweig entfaltet hat, hier, die Saft geschwellte Spitze selbst des christlichen Baumes, und doch fast unverändert seit den ersten Jahrhunderten der Kirche.“[23]

Galt dies schon in der Zeit eines statischen Weltbildes, so ist die Menschwerdung des Wortes Gottes in seiner Bedeutung für das evolvierende Universum bisher wohl nur von Teilhard ernsthaft angedacht worden. Die Milliarden von Galaxien im Weltall, für die gilt, was der Kolosserbrief im Hinblick auf Christus sagt: „In ihm ward alles erschaffen ... alles ist erschaffen durch ihn und auf ihn hin. Und er ist vor allem, und alles hat in ihm Bestand“[24], müssen bedacht werden, wenn die Menschwerdung, die Integration Gottes in die konkrete evolutive Welt, sinnvoll ausgesagt werden soll.

Für Teilhards christologisches Denken stand dieser Text im Zentrum seines Christusverständnisses. Von seinen frühen Texten aus der Zeit des Ersten Weltkrieges an bis zum

22 23. 2. 1920.
23 23. 2. 1920.
24 Kol 1,16–17.

letzten, kurz vor seinem Tode niedergeschriebenen Text „Le Christique" („Das Christische")[25] kann das Bemühen Teilhards über sein ganzes Leben hin als das Ringen darum gedeutet werden, Christus als das Ziel und das alles erhaltende Zentrum des Universums zu begreifen. Bereits in seiner Schrift „Das universelle Element"[26] äußert er die Überzeugung, daß die kosmische Sicht Christi nicht in pantheistische Irrungen führt, wenn sie auf den Grundgedanken der *unio creatrix* aufbaut. In dieser Sicht sind alle Elemente offen für die Eingliederung in eine Einheit höherer Ordnung, die nicht durch die Elemente definiert ist. Sie sind lediglich die Bedingung für das Werden der Einheit höherer Ordnung. In diesem Sinne ist z.B. in der Sicht Teilhards die Evolution des Menschen die Bedingung für die Inkarnation, aber nicht deren Ursache. Die Elemente bilden in ihrer Vereinigung ein neues Ganzes, das als solches immer schon unter dem Anruf Gottes steht und in der Einheit mit Gott seine Vollendung findet. „Das Universum in seinem Zielpunkt gesehen (*in casu* im totalen Christus) ist nämlich kein Aggregat, sondern ein organisiertes Ganzes wesenhaft höherer Ordnung als die der einzeln für sich genommenen Elemente."[27]

Es ist deutlich, daß dieses Verständnis nicht ohne weiteres mit den Vorstellungen klassischer Theologie vereinbar ist, die weitgehend bestimmt ist von einem kausalen, deterministischen Weltverständnis. Der unaufhörliche Streit um das Dilemma Determinismus und Freiheit – heute stärker in den Glaubensrichtungen naturwissenschaftlicher Prägung ausgetragen als in der christlichen Theologie, die dieses Problem in der Lehre über die Vorsehung mehr streift als aufnimmt[28] – ist ein Merkmal dieser Weltanschauung, und Teilhard hat

[25] Wir kommen auf diese Formulierung noch zurück.

[26] Note sur „L'Élément Universel" du Monde, XII, 387–393.

[27] XII, 391–392.

[28] Die contradictio in adiecto: Determinierte Freiheit ist in einem deterministischen streng kausalen Weltbild nicht aufhebbar.

immer wieder darum gerungen, einerseits den souveränen Schöpfer dieser Welt herauszustellen, andererseits aber zu zeigen, daß diese Schöpfung nicht in kausalistischer Weise determiniert ist. Wenn man die Schöpfung unter dem Aspekt der *causa efficiens* (Wirkursache) begreift, so ist das, wie Teilhard bemerkt, sicherlich ein gutes Mittel zur Herausstellung der „Unterscheidung, die den Schöpfer von seinem Werk trennt (d.h. um den Pantheismus zu negieren); doch wird damit so gut wie nichts über die Natur des Prozesses gesagt, der *das teilhabende Sein* mit dem *ungeschaffenen Sein* verbindet; im Gegenteil, wird damit zwischen beide eine sicherlich übertriebene *Exteriorität* gesetzt.“[29]

Christus ist so in der Sicht Teilhards nicht ursächlich im aristotelischen Sinne und auch nicht als der Logos im platonischen Sinne – der etwas knapp zusammengefaßt und verkürzt als der göttliche Schöpfungsplan begriffen werden könnte, nach dem alles gestaltet wird. Der frühe Aufsatz *Forma Christi*[30] mag an die alte aristotelische Lehre von der *causa formalis* (Formursache) erinnern, doch ist dies wohl eher als ein Versuch zu begreifen, sich mit den erlernten Kategorien verständlich zu machen. Teilhard ist sich darüber durchaus im Klaren, wenn er auf den analogen Sprachgebrauch der Scholastik etwa im Hinblick auf die Gnade als ein Akzidens verweist.[31] „Der Terminus, der am wenigsten unvollkommen den universellen *influx*[32] des Jesus-Zentrums der Welt definiert, ist die ‚Information‘.“[33] In seinem

[29] XII, 382 n. 13.

[30] 22. Dezember 1918, XII, 363–386.

[31] XII, 382.

[32] Teilhard verwendet hier den in der scholastischen Gnadentheologie gebräuchlichen Terminus

[33] XII, 382–383. Es wäre interessant, diesem Gebrauch des Begriffs der Information näher nachzugehen, der in diesem Sinne einer Sein stiftenden Wirklichkeit erst in unserem Informations-Zeitalter langsam im allgemeinen Bewußtsein deutlichere Konturen gewinnt.

mystischen Leib umfaßt Christus „seine mystischen Glieder in einer höheren Finalität, in einer höheren Ordnung, in einem höheren Wachstumsgesetz und sogar in einer Art höheren Bewußtseins. Christus *lebt* wirklich in uns. Was braucht es mehr, damit wir sagen können, er in-formiert uns wirklich?“[34]

Die Beziehung Menschheit – Christus muß ganz im Sinne der Metaphysik der Vereinigung begriffen werden. Wir finden hier die Charakteristika der schöpferischen Vereinigung wieder: „Selbstverständlich zerstört uns Christus nicht, noch verschmilzt er uns. Er verändert nicht unsere Natur, noch löscht er unsere menschliche Personalität aus (ganz im Gegenteil, Er *vollendet unsere Differenzierung,* indem er uns in sich einschmilzt.“[35] Um es noch einmal in der scholastischen Terminologie zu sagen. „Christus wirkt wahrhaft auf uns *wie eine Form,* und die *Summe der* wohl vorbereiteten *Seelen* ist die *Materie,* die von innen her (substantiell) in Ihm Gestalt gewinnt.“[36]

Christus ist in der statischen Welt, wie dort kaum anders vorstellbar, „König aller Dinge, weil er dazu *erklärt* worden ist – und nicht, weil irgendeine organische Beziehung der Abhängigkeit *existiert* (...), zwischen Ihm und einer grundlegend *irreduktiblen* Vielheit existierte“[37]. Diese Sicht, die auch heute noch unter römischen Theologen eine breite Anhängerschaft hat[38], macht es in ihrer extrinsezistischen Grundhaltung eigentlich unmöglich, noch ehrlich von einer christischen „Kosmizität“ zu sprechen.

In der evolutiven, dynamischen Welt dagegen erscheint Christus als der Mensch gewordene liebende Schöpfungsruf, der alles in Liebe an sich zieht. Dies ist keine mechanische Kausalität mehr, die als einwirkende Kraft von außen wirkt,

[34] XII, 383.
[35] XII, 383.
[36] XII, 383.
[37] XIII, 108.
[38] Vgl. den Katechismus der Katholischen Kirche.

sondern das Werk der in Freiheit anziehenden Liebe, die nichts zu sich zwingt, wohl aber immer offen ist für alles. Schöpfung und Erlösung sind nicht mehr zwei getrennte Ereignisse, vielmehr wird in der Menschwerdung des Schöpfungswortes Gottes, des Logos, die Möglichkeit für die Schöpfung eröffnet, in der Vereinigung mit dem Mensch gewordenen Logos Gott zu erreichen. „Unser Universum bildet wirklich eine Art biologischen, dynamisch in sich zentrierten Vortext" an dessen „zeit-räumlichem Gipfel des Systems eine einzigartige, singuläre Position" sich abzeichnet, an der „Christus mühelos und ohne Entstellungen wortwörtlich mit unerhörtem Realismus zum *Pantokrator* wird"[39].

Omega, zunächst ein sich abzeichnender Zielpunkt der Evolution, erscheint als der Zielpunkt, der der Ort Christi im Universum ist, von dem Er *„physisch* auf die verwirrende Totalität der Dinge ausstrahlt"[40]. Allerdings darf man sich das nicht vorstellen in der Weise eines in sich ruhenden Poles, der gewissermaßen wie ein Magnet wirkt. Als „Erster Beweger der evolutiven Bewegung Komplexität-Bewußtsein"[41] wird Christus als *Christus Evolutor*[42] kosmisch möglich. „Er gewinnt in ganzer Fülle eine wahrhafte *Allgegenwart der Transformation.* [...] In letzter Konsequenz kulminiert die Kosmogenese, nachdem sie in ihrer Hauptachse sich als Biogenese und dann als Noogenese enthüllt hat, in der Christogenese."[43]

Die Menschwerdung des Wortes Gottes ist so für Teilhard nicht nur ein einmaliges lokales Ereignis, das als ein Fixpunkt in der Geschichte stehen würde. Dieses Ereignis ist vielmehr ein Anfang, der in der Schöpfung eine neue Dimension eröffnet: Durch die Geschichte hindurch vollen-

39 XIII, 108.
40 XIII, 108.
41 XIII, 109.
42 X, 161–176.
43 XIII, 109.

det sich die Wirklichkeit Schöpfung, indem sie in Christus mit Gott wesentlich vereint wird. In Christus und in seinem in der Geschichte, in der Evolution des Universums werdenden mystischen Leib wird die Schöpfung als Christogenese vollendet. In der evolutiven Schöpfung verschwindet die klassische Unterscheidung von Schöpfung und Erlösung als voneinander wesentlich verschiedenen Akten Gottes. In der evolutiven, „dynamischen Perspektive [...] läßt sich bemerkenswerter Weise feststellen, daß *derselbe* fundamentale Prozeß Schöpfung, Inkarnation oder Erlösung“ genannt werden kann, je nachdem, von welcher Seite man ihn sieht:

„a) Schöpfung in dem Maße, wie die sekundären (menschlichen) ‚Ich‘ sich unter der Anziehung Gottes konstituieren.

b) Inkarnation in dem Maße, wie, da die Operation sich durch Einswerdung vollzieht, das Göttliche Ich aufgrund eben seines Wirkens dahin gelangt, sich in sein Werk zu ‚immergieren‘.

c) Erlösung in dem Maße, wie das Geschaffene, an welchem Punkt *im Laufe* der Einswerdung man es auch ins Auge faßt, einen Anteil residueller Inorganistaion oder (aktueller oder virtueller) Desorganisation aufweist, der das Übel in allen seinen Formen definiert. In einem bestimmten Sinne kann Gott, wenn Schaffen (evolutiv, Schritt um Schritt) einsmachen heißt, nicht schaffen, ohne daß als ein Schatten Übel auftritt – auszugleichendes und zu überwindendes Übel.“[44]

Die Erlösung im traditionellen Sinne innerhalb des statischen Universums war die Wiederherstellung eines ursprünglichen Zustandes, der durch eine anfängliche Katastrophe, die unter dem Terminus *Erbsünde* oder der Ursünde der Stammeltern den Katechismen geläufig ist, zerstört worden war. Dieser Aspekt der Überwindung des Übels – allerdings nicht mehr als ein Fehlverhalten der Stammeltern verstanden, die es in diesem Sinne als erstes Elternpaar nie gegeben

[44] X, 156.

hat – wird bei Teilhard als ein Aspekt der Erlösung aufgegriffen, die als Überwindung des Übels in allen seinen Dimensionen einschließlich der sündigen Verweigerung des Menschen Gott gegenüber den Sinn des Kreuzes aufleuchten läßt: „Jesus an seinem Kreuz ist das Symbol und gleichzeitig die Wirklichkeit der unermeßlichen säkularen Mühsal, die Schritt um Schritt den geschaffenen Geist höher trägt, um ihn in die Tiefen des Göttlichen Milieus heimzuholen. Er repräsentiert (in einem wahren Sinn ist er) die Schöpfung, die von Gott gestützt die Berghänge des Seins emporsteigt, mal sich an den Dingen festhaltend, um in ihnen eine Stütze zu finden, mal sich von ihnen losreißend, um sie zu übersteigen, wobei immer durch ihre physischen Leiden der durch ihr moralisches Versagen herbeigeführte Rückschlag kompensiert wird.“[45]

Dieser Versuch Teilhards, das Kreuz im Horizont der evolutiven Schöpfung zu begreifen, war sich der Tatsache bewußt, daß die häufig anzutreffende Art, „die Passion zu predigen, in vielen Fällen ganz einfach von der unglücklichen Verwendung eines frommen Vokabulars abhängt, wo die gewichtigsten Worte (wie Opfergabe, Opferung, Sühne), durch die Routine ihres Sinnes entleert, mit nicht reflektierter Leichtigkeit und Freudigkeit verwendet werden. Man spielt mit Formeln.“[46]

Es dürfte deutlich sein, daß die christliche Verkündigung der Erlösung in ihren Kernpunkten eines neuen Verstehens bedarf: Teilhard hat immer an der Erlösung durch die Inkarnation des Wortes Gottes in diese Welt festgehalten. Er ist nie der Versuchung mancher moderner Theologen erlegen, die Gottheit des Gottmenschen Jesus von Nazaret oder seine geschichtliche Existenz in Frage zu stellen. Allerdings ist ein solcher Glaube für Teilhard nur aufrechtzuerhalten, wenn es gelingt, die Bedeutung Jesu von Nazaret, des am

45 Le Milieu Divin V, 119.
46 V, 116.

Kreuz Gestorbenen und Auferstandenen, im Horizont der realen Schöpfung zu begreifen, also aufzuzeigen, daß die ganze Schöpfung in Jesus zum Ziel kommt. Daß die Frage der in diesem Kontext zu entwickelnden Theologie des Kreuzes – die immer ein schwieriges Kapitel der Theologie war – ein zentrales Anliegen der Teilhardschen Theologie war, ist aus seinen Tagebüchern ersichtlich. Es finden sich dort zahlreiche Skizzen, kurze Gedanken, die angesichts der Aussichtslosigkeit einer Publikation nie voll ausgeführt wurden.[47] Wir dürfen aber davon ausgehen, daß die Theologie Teilhards keine verkürzte Sicht Christi entwickelt, ganz im Gegenteil, Christus wird zu der zentralen Gestalt, an der die ganze Schöpfung hängt, und in ihm kann sie zum Ziel kommen. Die zur Vollendung kommende Schöpfung ist geprägt durch das Erreichen einer höchsten Stufe. Die Evolution durchlief als erste Stufe eine von den Atomen geprägte materielle Entwicklung, die atomische Stufe im Sinne Teilhards, um dann in der molekularen Entwicklung von der Chemie geprägt zu werden: die chemische Stufe, die ihrerseits bis zum Übergang in das Leben führt, dessen Gesetze die biologische Stufe mit der Ausbildung der Biosphäre prägen. Sie führen bis an die Grenze des werdenden Geistes, der im Menschen Wirklichkeit wird und die humane Stufe prägt mit der Ausbildung der Noosphäre. Die Menschheit bildet ihrerseits unter dem – offensichtlich in diesem Falle entgegenkommenden, gnadenhaften – Einfluß des menschgewordenen und auferstandenen Christus eine Stufe aus, die Teilhard in deutlicher Betonung der Kontinuität – zumindest im Horizont der Schöpfung – die *christische* Stufe nennt. Diese Wortprägung[48] deutet an, welch

[47] Es wäre zu wünschen, daß sich eine Dissertation einmal insbesondere mit diesem Thema auseinandersetzt.

[48] *Christique* im französischen Text. Wortprägungen dieser Art, die theologisch noch nicht fixiert sind, sowie der mystische Aspekt Teilhardscher Theologie haben neben der Akzeptanz der Evolution als einer Zukunft in Richtung von Mehrsein eröffnenden

weites Feld theologischen Neudenkens Teilhard uns hinterlassen hat.

Wirklichkeit bei vielen suchenden Menschen unserer Zeit Anklang gefunden. Die New-Age-Bewegung beruft sich gerne auf Teilhard, allerdings vergißt sie dabei anzugeben, wo sie sich von Teilhard absetzt. In der Teilhardschen Sicht ist die Evolution nur unter dem Einfluß des Christischen positiv zu beurteilen, d.h. aber auch, die Schöpfung bedarf der Erlösung in Jesus Christus. Wer diesen zentralen Punkt bei Teilhard ausläßt, um sich nur auf seine positive Beurteilung der evolutiven Bewegung zu berufen, widerspricht Teilhard in der entscheidenden Aussage, die er zu machen hat. Da das New Age sich m.W. nicht auf die Erlösung in Jesus Christus ausgerichtet weiß, kann es sich auch nicht auf Teilhard berufen, selbst wenn er verkürzt rezipiert wird.

LITERATUR

1. Ausgewählte Teilhard-Texte

Teilhard de Chardin, Pierre. L'Homme devant les enseignements de l'Église et devant la philosophie spiritualiste, in: Dictionnaire apologétique de la foi catholique, hrsg. von Adhémard D'Ales, vol. II, 501–514. Paris: Beauchesne, 1924.

–, Oeuvres. vol. I–XIII. Paris: Ed. du Seuil, 1955–1976.

–, Le Phénomène humain. Paris: Ed. du Seuil, 1955; deutsch: Der Mensch im Kosmos. München: Beck 1959.

–, L'Apparition de l'homme (Oeuvres t. II). [zitiert II]. Paris: Ed. du Seuil, 1956; deutsch: Das Auftreten des Menschen. Olten: Walter 1964.

–, La Vision du passé (Oeuvres t. III). [zitiert III]. Paris: Ed. du Seuil, 1957; deutsch: Die Schau in die Vergangenheit. Olten: Walter 1965.

–, Le Milieu Divin (Oeuvres t. IV). [zitiert IV]. Paris: Ed. du Seuil, 1957; deutsch: Das göttliche Milieu. Olten: Walter 1969.

–, L'Avenir de l'homme (Oeuvres t. V). [zitiert V]. Paris: Ed. du Seuil, 1959; deutsch: Die Zukunft des Menschen, Olten: Walter 1963.

–, L'Énergie humaine (Oeuvres t. VI). [zitiert VI]. Paris: Ed. du Seuil, 1962; deutsch: Die menschliche Energie (enthält den ersten Teil des t. VII). Olten: Walter 1966.

–, L'Activation de l'énergie (Oeuvres t. VII). [zitiert VII]. Paris: Ed. du Seuil, 1963; deutsch: Die lebendige Macht der Evolution. Olten: Walter 1967.

–, Le groupe zoologique humain: Structures et directions évolutives. Reimprimé sous le titre: La Place de l'homme dans la Nature: Structures et directions évolutives (Oeuvres t. VIII). [zitiert VIII]. Paris: Albin Michel – Ed. du Seuil, 1956–1964; deutsch: Die Entstehung des Menschen. München: Beck 1960.

–, Science et Christ (Oeuvres t. IX). [zitiert IX]. Paris: Ed. du Seuil, 1965, deutsch: Wissenschaft und Christus. Olten: Walter 1970.
–, Comment je crois (Oeuvres t. X). [zitiert X]. Paris: Ed. du Seuil, 1969; deutsch: Mein Glaube. Olten: Walter 1972.
–, Les directions de l'avenir (Oeuvres t. XI). [zitiert XI]. Paris: Ed. du Seuil, 1973.
–, Écrits du temps de la guerre – 1916–1919 (Oeuvres t. XII). [zitiert ETG]. Paris: Grasset – Ed. du Seuil, 1965–1976; deutsch: Frühe Schriften. Freiburg: Alber 1968. Lobgesang des Alls. Olten: Walter 1964.
–, Le Coeur de la matière (Oeuvres t. XIII). [zitiert ETG]. Paris: Ed. du Seuil, 1976; deutsch: Das Herz der Materie: Kernstück einer genialen Weltsicht. Olten: Walter 1990.
–, L'Oeuvre scientifique. Hrsg. von Nicole und Karl Schmitz-Moormann. Mit einem Vorwort von Jean Piveteau. Vol. 1–10 + 1 vol. Karten. Olten: Walter 1971.
–, Journal I, 1915–1919. Hrsg. von Nicole und Karl Schmitz-Moormann. Paris: Fayard, 1975.
–, Tagebücher. Hrsg. und übers. von Nicole und Karl Schmitz-Moormann. 1–3. Olten und Freiburg: Walter 1974–1978. (Die in Band 3 enthaltenen Texte liegen nur deutsch vor).
–, Génèse d'une pensée: Lettres 1914–1919. Paris: Grasset, 1961.
–, The Letters of Teilhard de Chardin and Lucile Swan. Edited by Thomas M. King, S.J. and Mary Wood Gilbert. With a foreword by Pierre Leroy, S.J. 316. Washington: Georgetown University Press, 1993.
–, Accomplir l'homme: Lettres inédites. Paris: Grasset, 1968.
–, Lettres à Jeanne Mortier. Paris: Ed. du Seuil, 1984.
–, Lettres à Léontine Zanta. Paris und Bruges: Desclée de Brouwer, 1965.
–, Lettres d'égypte 1905–1908. Paris: Aubier, 1963.
–, Lettres de voyage 1923–1939. Paris: Grasset, 1956.
–, Lettres d'Hastings et de Paris 1908–1914. Paris: Aubier, 1964.

–, Lettres inédites à l'abbé Gaudefroy et à l'abbé Breuil. Monaco: Le Rocher, 1988.
–, Lettres intimes à A. Valensin, B. de Solages, H. de Lubac, A. Ravier (1919–1950). Mit einer Einleitung von Henri de Lubac. Paris: Aubier, 1974.
–, Nouvelles lettres de voyage 1939–1955. Paris: Grasset, 1957.

Sekundärliteratur

Die Sekundärliteratur zu Teilhard de Chardin ist kaum noch zu überblicken. Bereits 1980 hatte die Zahl der Publikationen über Teilhard die zehntausend deutlich überschritten; eine gute Übersicht läßt sich aus den von Ladislaus Polgar in jedem Jahr im *Archivum Historicum Societatis Iesu* veröffentlichten Publikationen von und über Teilhard gewinnen. Eine noch überschaubare Bibliographie bietet Joseph McCarty: *Pierre Teilhard de Chardin: A Comprehensive Bibliography,* New York und London: Garland 1981. Wir beschränken uns hier auf den Verweis auf einige Biographien sowie auf die zitierte Literatur.

Biographien

Cuénot, Claude. Pierre Teilhard de Chardin: Les Grandes Étapes de Son Évolution. Paris: Plon, 1958. Deutsch: Teilhard de Chardin: Leben und Werk. Olten: Walter, 1966.
Hemleben, Johannes. Teilhard de Chardin in Selbstzeugnissen und Dokumenten. Reinbek: Rowohlt, 1966.
Lukas, Mary and Ellen. Teilhard: A Biography. London: Collins, 1977.
Schiwy, Günther. Teilhard de Chardin: Sein Leben und seine Zeit, II: 1923–1955. München: Kösel, 1981.
–, Teilhard de Chardin: Sein Leben und Seine Zeit, I: 1881–1923. München: Kösel, 1981.

Speaight, Robert. The Life of Teilhard de Chardin. New York: Harper & Row, 1967.

Zitierte Literatur (in Auswahl)

Becker, Thomas. Geist und Materie in den ersten Schriften Pierre Teilhard de Chardins. Freiburger theologische Studien, Bd. 134. Freiburg/Basel/Wien: Herder, 1987.

Katechismus der Katholischen Kirche. 816. München/Wien/Leipzig/Freiburg/Linz: Oldenbourg/Benno/Paulusverlag/Veritas, 1993.

Lyons, James A. The Cosmic Christ in Origen and Teilhard de Chardin: A Comparative Study. Oxford: Oxford University Press, 1982.

Mooney, Christopher. Teilhard de Chardin and the Mystery of Christ. New York: Harper & Row, 1964.

Morris, Henry M. Scientific Creationism. Master Books. El Cajon, Calif. 1985 <1974>.

Rahner, Karl. Die Christologie innerhalb einer Evolutiven Weltanschauung, in: Schriften zur Theologie, Bd. 5, 183–221. Einsiedeln/Zürich/Köln: Benziger, 1965.

Russell, Robert John, William R. Stoeger, George V. Coyne (Hrsg.). Physics, Philosophy and Theology: A Common Quest for Understanding. Vatican City State and Notre Dame Ind.: Vatican Observatory; University of Notre Dame Press, 1988.

Schmitz-Moormann, Karl, ed. Teilhard de Chardin in der Diskussion. Wege der Forschung. Darmstadt: Wissenschaftliche Buchgesellschaft, 1986.

–, Die Erbsünde. Überholte Vorstellung – Bleibender Glaube. Olten: Walter, 1969.

–, „Teilhard théologien." Études Teilhardiennes 3 (1970) 63–69.

Whitehead, Alfred North. Process and Reality. An Essay in Cosmology. Gifford Lectures Delivered in the University of Edinburgh During the Session 1927–1928. New York: Free Press <MacMillan>, 1978 <1929>.

Wildiers, Norbert M. Weltbild und Theologie: Vom Mittelalter bis heute. Übers. von Karl Schmitz-Moormann. Einsiedeln: Benziger, 1974.

„Rechenschaft von unserer Hoffnung..."
Die großen Theologen des 20. Jahrhunderts im Spiegel ihres Denkens und Lebens

Die Lebensgeschichte großer Theologen und Theologinnen ist weit mehr als ein anekdotischer Anhang zu ihrer Theologie. Wichtige theologische Denkansätze gehen aus den Erfahrungen, den Parteinahmen, den Optionen der Theologen und Theologinnen hervor, sind mit ihrem Leben untrennbar verwoben.

Die Reihe **„Theologische Profile"** stellt deshalb die maßgebenden theologischen Denkansätze der großen Konfessionen konsequent in den Zusammenhang der jeweiligen Lebensgeschichte. Die Bände bieten eine gut lesbare und solide Einführung. Sie sind ein unentbehrliches Hilfsmittel für alle Studierenden und eine einzigartige Quelle für alle theologisch Interessierten. Und auch für die „Kenner" bieten sie überraschende Einsichten.

Thomas Krenski, **Hans Urs von Balthasar.** Das Gottesdrama
1995. 184 Seiten. Kartoniert. ISBN 3-7867-1866-0

Horst Goldstein, **Leonardo Boff.** Zwischen Poesie und Politik
1994. 136 Seiten. Kartoniert. ISBN 3-7867-1754-0

Gottfried Orth, **Helmut Gollwitzer.** Zur Solidarität befreit
1995. 192 Seiten. Kartoniert. ISBN 3-7867-1828-8

Bernd Jochen Hilberath, **Karl Rahner.** Gottgeheimnis Mensch
1995. 240 Seiten. Kartoniert. ISBN 3-7867-1755-9

Philip Kennedy, **Edward Schillebeeckx.** Die Geschichte von der Menschlichkeit Gottes.
1994. 228 Seiten. Kartoniert. ISBN 3-7867-1789-3

In Planung: Karl Barth, Dietrich Bonhoeffer, Enrique Dussel, Gustavo Gutiérrez, Johann Baptist Metz, Jürgen Moltmann, Wolfhart Pannenberg, Jon Sobrino, Elisabeth Schüssler Fiorenza, Dorothee Sölle, Pierre Teilhard de Chardin.